Meine Pflanze & ich

KOSMOS

Vorwort

Herzlichen Glückwunsch zu Ihrer neuen Liebe. Haben Ihnen die kräftigen Blätter gefallen, die prachtvollen Blüten oder die ungewöhnliche Form? Sie beurteilen eine Pflanze also nur nach ihrem Äußeren? Das ist doch viel zu oberflächlich! Sie ist so viel mehr als einfach nur schön. Pflanzen geben Sauerstoff ab, sie reinigen die Luft, bringen Ruhe in unser stressiges Leben. Pflanzen sind gut gegen trockene Luft, können für zarte Haut sorgen und das Herz erfreuen. Ihr grüner Liebling sorgt sogar dafür, dass Sie schneller gesund werden, wenn es Sie mal erwischt hat.

Dieses kleine Pflanzenbuch zeigt Ihnen, wie man mit einer Pflanze am besten zusammenlebt. In sechs Kapiteln beschreibt es die sechs Phasen Ihrer ganz persönlichen Liebesbeziehung. Was geschieht in welcher Phase? Ganz nebenbei erhalten Sie die besten Tipps für die Pflege Ihrer Zimmerpflanze. Denn wenn wir gut für unsere Pflanzen sorgen, sorgen sie auch für uns.

Lange zusammen glücklich sein bedeutet: geben und neben. Darin unterscheidet sich das Verhältnis zu unserer Pflanze kaum von dem zwischen uns und unserer großen Liebe. Wenn Sie eine gute Balance finden – und ihr auch dann Wasser geben, wenn Sie gerade keine Lust dazu haben und sie akzeptiert, dass sie nicht den besten Platz im Haus haben kann – dann sehen Sie und Ihre Pflanze einer herrlichen gemeinsamen Zukunft entgegen.

Eine Pflanze gibt mehr...

Inhalt

Vorwort 3

Phase 1. Frisch verliebt 6

- Welche Pflanzentypen gibt es? 8
- Was für ein Typ ist Ihre Pflanze? 10
- Die Basics: Wasser 12
  - Erde und Dünger 16
  - Licht 18
  - Luftfeuchtigkeit 20
  - Liebe 21
- Was für ein Pflegetyp sind Sie? 22
- Die Treffer 26
- Pflanzen reinigen die Luft 28

Phase 2. Zusammen wohnen 30

- Der richtige Ort 32
- Interview: Der Grün-Effekt 36
- Das Wunder der Fotosynthese 40
- Das Buch des Wachsens 42
- Der richtige Topf 44
- Pflanzen entspannen 48

Phase 3. Zeit für mich 50

- Wenn Sie mal Urlaub machen 52
- Überlebenstipps für den Urlaub 54
- Einen Gießautomaten herstellen 56

Interview: Der Pflanzen-IQ 58
Pflanzen und Computerfreaks 62
Pflanzen halten jung 64

Phase 4. Neues Leben 66
Stecklinge/Familienplanung 68
Interview: Feng Shui mit Pflanzen 74
8 Wellnesstipps für Pflanzen 78
Swing auf der Fensterbank 80
Pflanzen machen produktiv 84

Phase 5. Gemeinsam genießen 86
Umtopfen 88
Interview: Unterirdisches Durcheinander 92
Schneiden: Die neue Frisur 94
Die geheimen Kräfte der Pflanzen 96
Pflanzen schlucken Lärm 100

Phase 6. Zusammen alt werden 102
Was krank macht 104
Interview: Kränkelnde Pflanzen 108
Insekten 112
Pilze 114
Herbarium 116
Stärken und stützen 118
Die Pflanzenapotheke 120
Pflanzen machen gesünder 124

30 Spitzenpartner zum Verlieben 126

Impressum 144

FRISCH VERLIEBT

Stundenlang könnt Ihr einander ansehen. Ihre Augen wandern langsam an den Stielen entlang; jeden Tag entdecken Sie neue Seiten, die noch schöner, liebenswerter und anziehender sind. Sie befinden sich in Phase 1 Ihrer Beziehung: Sie sind verliebt. Langsam lernt man sich gegenseitig kennen. Man entdeckt, wie man sich am besten ergänzt. Sie finden heraus, was Ihr Liebling am meisten braucht: Wasser, Dünger, Licht, Luft und Liebe.

DIE NEUE LIEBE

Was für eine Pflanze haben Sie sich da eigentlich ins Haus geholt? Passen Ihre Charaktere zusammen und wie sieht es mit den Äußerlichkeiten aus? Auf den folgenden Seiten können Sie alles dazu lesen. Um es einfach zu machen, unterscheiden wir drei Pflanzentypen: die Blühende, den Blättrigen und die Fettpflanze.

DIE BLÜHENDE > **EINE DIVA**

Die Diva prahlt gern mit ihren prächtigen Blüten. Sie zieht die Aufmerksamkeit auf sich wie ein Supermodel auf einer rauschenden Party. Doch wenn sie verblüht, bleibt nur wenig von Ihrer Schönheit. Dann heißt es warten, ob es ihr gefällt sich noch einmal von ihrer besten Seite zu zeigen. Nur wem es gelingt ihr alles recht zu machen, wird in den Genuss kommen, sie erneut in voller Schönheit zu erleben. Das kann auch bedeuten: Sie nach der Blüte einfach in Ruhe zu lassen, damit sie Energie tanken kann für ihren großen Auftritt – die nächste Blüte. Und dann sind da noch die Saison-Stars. Sie erstrahlen nur ein einziges Mal und dann ist nichts mehr wie vorher. Bei Poinsettie, Primel, Zierpfeffer oder Pantoffelblume sollte man nicht auf eine zweite Chance hoffen.

DER BLÄTTRIGE >
EIN FELS IN DER BRANDUNG

Der Fels in der Brandung macht alles mit. Zur Welt gekommen mit prachtvoll geformten Blättern und charakteristischer Zeichnung. Diese Schönheit vergeht nicht, sondern gewinnt mit den Jahren noch an Attraktivität. Auf den Fels kann man setzen. Je länger er uns begleitet, desto größer, voller kräftiger und stolzer wird er. Und das alles als Gegenleistung für einen festen Wohnsitz und ein wenig Zuwendung. Der Fels in der Brandung wird niemals klagen.

DIE FETTPFLANZE >
EIN EINSAMER STREITER

Der einsame Streiter kann sich selbst helfen. Wochenlang kommt er ohne jede Pflege aus. Eigentlich will er möglichst in Ruhe gelassen werden. Mit seinem dicken Panzer hält er sich Gegner wie grelle Sonne und trockene Luft vom Leib, in seinen gut gefüllten Reservebeuteln hat er genügend Proviant, um eine lange Zeit im Alleingang durchzustehen. Doch ab und zu muss ihm jemand eine kleine Oase herrichten. Sonst stirbt der einsame Streiter plötzlich und ganz ohne Vorwarnung.

WER IST IHRE NEUE LIEBE?

Quiz

Ist Ihre neue Liebe eine Diva, ein einsamer Streiter oder ein Fels in der Brandung? Dieses Quiz wird es zeigen. Ab Seite 126 können Sie nachlesen, welche anderen Pflanzen ganz Ihr Typ sein könnten.

START Haben Sie gerade eine Pflanze gekauft oder geschenkt bekommen?

ja

Braucht sie ab und zu Wasser?

ja

Hat sie Blüten?

ja

nein

nein

Sie wissen schon, dass Kunststoff schlecht für die Umwelt ist, oder?

nein

Gehen Sie in ein Geschäft.

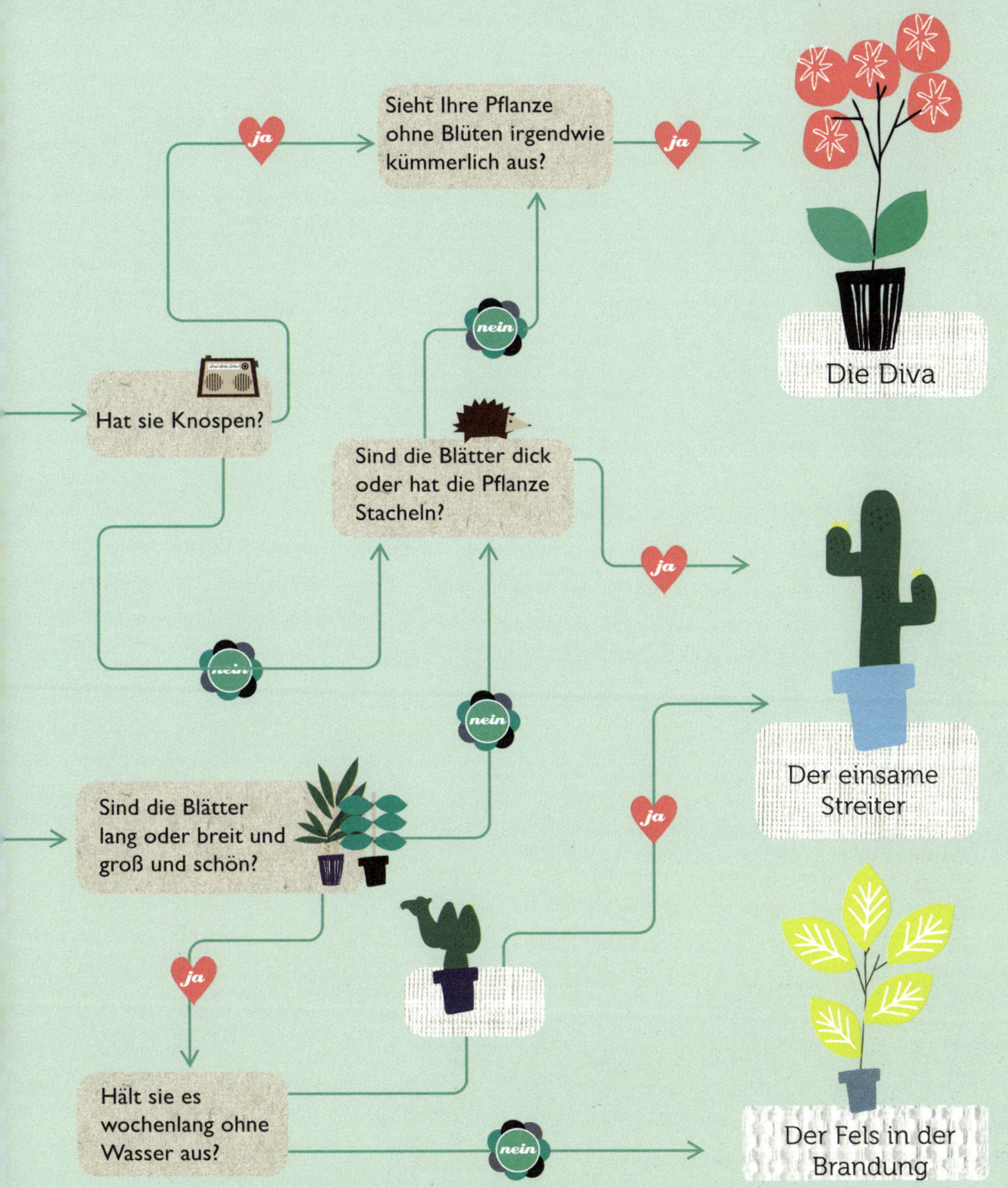
Hat sie Knospen?
ja
Sieht Ihre Pflanze ohne Blüten irgendwie kümmerlich aus?
ja
Die Diva
nein
Sind die Blätter dick oder hat die Pflanze Stacheln?
ja
Der einsame Streiter
nein
nein
Sind die Blätter lang oder breit und groß und schön?
ja
Hält sie es wochenlang ohne Wasser aus?
ja
nein
Der Fels in der Brandung

WATER THE
PLANTS

DIE BASICS

Essen, trinken und einen guten Standort. Das ist alles was eine Pflanze braucht. Wenn Sie ihr das bieten, gibt Ihnen Ihre Pflanze zurück was Sie brauchen: Liebe, Energie, Entspannung.

WASSER

TIPP
Duschen Sie Ihre Pflanze nicht von oben ab, sondern gießen Sie das Wasser direkt in den Topf. Wenn nötig, heben Sie dabei diskret die Blätter an.

„Wasser geben", das klingt einfach. Doch wer glaubt, seine Pflanze ganz lässig mit einem Guss pro Woche zufrieden zu stellen, der irrt. Um einer Pflanze zu geben was sie braucht, muss man sie gut beobachten und das Gießen ihren Bedürfnissen anpassen.
Wasser ist eine von drei Zutaten, die eine Pflanze benötigt, um Energie zu produzieren, denn Wasser + Licht + Kohlendioxid = Zucker (siehe Seite 40). Ohne Wasser stirbt die Pflanze. Manche halten dabei allerdings länger durch als andere. Fettpflanzen haben

Wasserspeicher, genau wie Kamele. Damit können sie eine ganze Weile auskommen. Doch es gibt einige äußere Faktoren, die den Wasserverbrauch und damit den Wasserbedarf Ihrer Pflanze beeinflussen.

ZEIT ZU GIESSEN

Die Grundregel lautet: Immer dann gießen, wenn die Erde trocken ist. Doch das lässt sich nicht so einfach feststellen. Bei einem kleinen Topf kann man davon ausgehen, dass bei einer trockenen Oberfläche auch der Rest trocken ist. Doch bei einem großen Topf sagt eine trockene Schicht Erde wenig über die Feuchtigkeit im Inneren aus. Bei den Wurzeln könnte es sogar noch recht sumpfig sein. Steckt man einen Finger am Topfrand in die Erde weiß man schon einiges mehr. Man kann auch einen längeren Stab oder ein langes Streichholz benutzen. Wenn Sie ganz sicher gehen wollen, schaffen Sie sich einen Feuchtigkeitsmesser an, ein Hygrometer. In die Erde gesteckt sagt es gleich, ob Ihre Pflanze einen Drink braucht oder nicht. Hebt man den Topf an, merkt man auch am Gewicht ob die Erde noch feucht ist.

WAS BEEINFLUSST DEN WASSERBEDARF?

An Tagen mit wenig Licht läuft auch die Fotosynthese der Pflanze auf Sparflamme (siehe Seite 40), also benötigt sie auch weniger von den anderen Zutaten, die für die Zuckerproduktion notwendig sind: Kohlendioxid und Wasser.

Bei höheren Temperaturen nützen Pflanzen, genau wie Menschen, Wasser um sich abzukühlen: Sie schwitzen. Als Folge davon verbrauchen sie dann auch mehr Wasser.

Je größer die Pflanze, desto mehr Wasser benötigt sie.

Wehen die Blätter im Wind, erhöht sich die Verdunstung, also der Verlust von Wasser. Steht Ihre Pflanze an einem offenen Fenster oder im Durchzug, braucht sie mehr Wasser.

Trockene Luft entzieht der Pflanze mehr Wasser als feuchte Luft.

DIE FALLE:
ZU VIEL WASSER

Zu viel Wasser mögen Pflanzen überhaupt nicht. Ihre Wurzeln beginnen zu faulen und dann Bye-bye. Überschüssiges Wasser muss aus dem Topf ablaufen können (siehe Töpfe, Seite 45) und achten Sie darauf, dass Sie Gießpausen einhalten. So haben die Wurzeln Zeit zu trocknen und zu atmen. Zu lange darf die Trockenzeit aber nicht dauern, sonst vertrocknen die Wurzeln und die Pflanze stirbt trotzdem. Fettpflanzen halten es lange ohne Wasser aus. Sie mögen es sogar, wenn sie einige Wochen lang nicht gegossen werden.

ERDE

Für Pflanzen ist es wichtig, dass die Erde ausreichend Luft für die Wurzeln durchlässt, dass sie Nährstoffe enthält und neue Nährstoffe festhalten kann. Normale Blumenerde eignet sich für alle Pflanzen. Aber man kann auch spezielle Erdmischungen kaufen, mit anderem Säuregrad, anderem Dünger oder mehr Sand für mehr Sauerstoff. Man kann viel ausprobieren, aber erst dann, wenn sich die Pflanze an ihrem neuen Standort eingelebt hat.

DÜNGER

Energie gewinnen Pflanzen nicht wie wir aus der Nahrung, sondern aus Licht. Doch um eine stattliche Größe zu erreichen, brauchen sie schon ein paar Nährstoffe. Diese holen sie sich aus Luft, Wasser und Erde. Doch irgendwann sind die Mineralien aus der Topferde aufgebraucht und dann heißt es düngen. Das macht man am besten mit ein paar Tropfen Zierpflanzendünger im Gießwasser. Mit dem Düngen können Sie ein paar Monate nach dem Einzug Ihrer Pflanze beginnen, doch nur wenn sie gerade wächst oder in Blüte steht. Für die meisten Pflanzen bedeutet das von Frühjahr bis Herbst. Überwindet Ihre Pflanze gerade eine Krankheit, erholt sie sich von einem Sturz auf den Boden oder von einem Umzug, versuchen Sie nicht sie aufzupäppeln. Sie muss erst mal wieder durchatmen. Erst danach ist es Zeit für ein bisschen Zusatznahrung. Verwöhnen Sie Ihre Pflanze nicht mit allzu vielen Leckereien. Denn, zu viel des Guten lässt sie zu schnell wachsen und macht sie schwach. Zu viel Dünger kann sogar die Wurzeln verbrennen. Für eine gesunde Pflanze also besser nur kleine Portionen auftischen.

LICHT

Ohne Licht kann eine Pflanze nicht leben. Durch die Lichtenergie verwandelt sie Wasser und Kohlenhydrate in Zucker und das ermöglicht es ihr zu wachsen. Ohne Licht lässt sie die Blätter hängen und siecht dahin. Auch so genannte Schattenpflanzen brauchen Licht! Sie mögen keine grelle Sonne, aber ein bisschen Licht sollte schon sein. Meist finden Sie auf den Pflanzenetiketten wie viel Licht eine Pflanze benötigt.

Direktes Sonnenlicht ist sehr intensiv. Indirektes Licht nimmt in seiner Intensität schnell ab, je mehr man sich vom Fenster entfernt. Die dunkelsten Stellen im Haus sind oft die Ecken neben den Fenstern. Dorthin fällt kein direktes Licht, es wird nur von den gegenüberliegenden Wänden reflektiert. Sind diese Wände dunkel, ist das fast nichts.

SCHATTENTEST

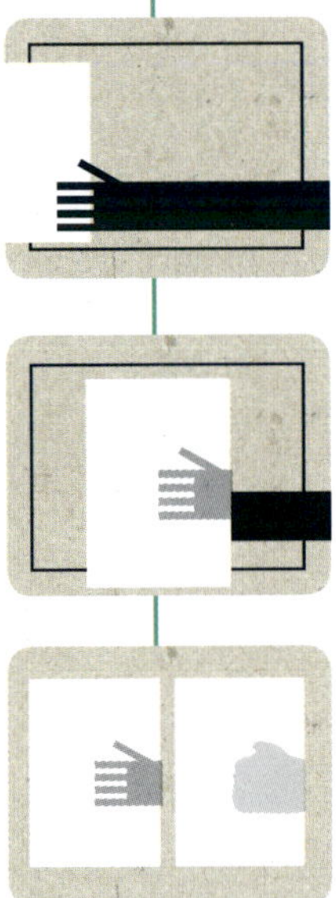

SCHATTENTEST

Um eine Vorstellung zu bekommen, wie hoch die Lichtintensität an verschiedenen Stellen im Haus ist, können Sie (am besten in den Mittagsstunden) den Hand-Papier-Schatten-Test zu Rate ziehen. Nehmen Sie dazu ein weißes Blatt Papier und halten Sie Ihre Hand etwa 30 cm entfernt davor, zwischen Blatt und Fenster. Erscheint auf dem Papier ein klarer Schatten Ihrer Hand ist die Sonnenintensität in der entsprechenden Zeit dort sehr hoch. Ist die Hand noch zu erkennen, aber nicht so scharf, ist das Licht weniger stark. Ist die Schattenhand nur ein unscharfer Fleck, gibt es kaum genug Licht für die Pflanze. Eine andere Licht-Faustregel: Nordfenster wenig nutzbares Licht, Südfenster höchste Sonneneinstrahlung.

LUFTFEUCHTIGKEIT

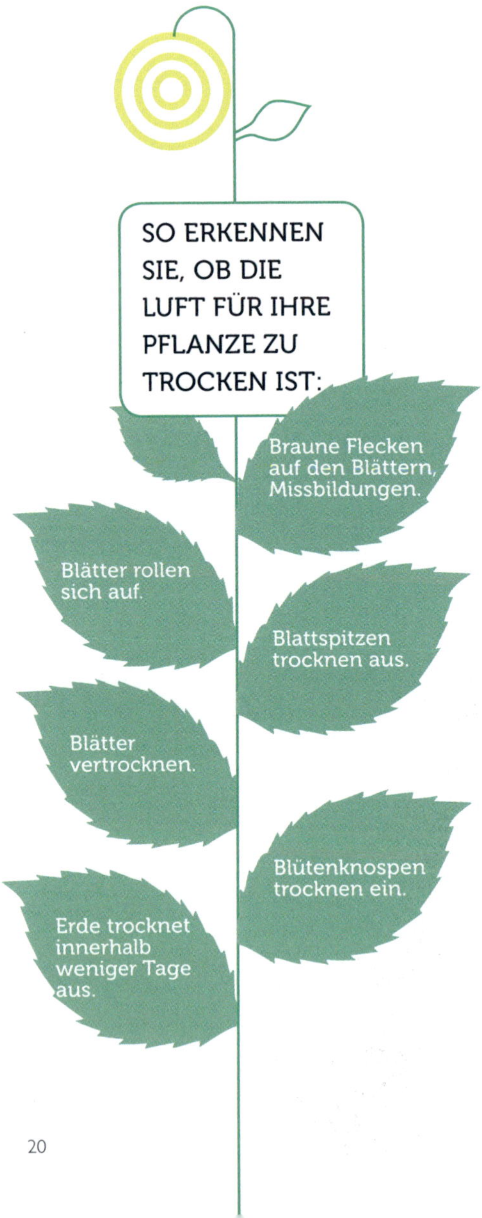

Die meisten Pflanzen mögen trockene Luft überhaupt nicht. Sie verlieren dadurch viel Feuchtigkeit an die Umgebung. Kakteen und Fettpflanzen sind an ein trockenes Klima angepasst. Für sie ist eine geringe Luftfeuchtigkeit eigentlich kein Problem. Doch selbst Fettpflanzen mögen es nicht allzu trocken. Heizung, Ofen oder Klimaanlage trocknen die Luft besonders aus. Ein einfacher Trick, um die Feuchtigkeit zu erhöhen: Stellen Sie eine Wasserschale auf die Heizung. Sie werden sich wundern, wie schnell das Wasser verdunstet und von der Luft aufgenommen wird. Sie können Ihre Pflanze auch in eine Schale mit Kieseln stellen, die Sie mit Wasser übergießen. So entsteht unter den Blättern ein feuchtes Mikroklima. Stellt man mehrere Pflanzen nebeneinander, sorgen sie gegenseitig dafür, dass die Luft nicht zu trocken wird. Ab und zu die Pflanze mit einer Blumenspritze einnebeln hilft auch, der Effekt hält aber nur kurz an.

LIEBE

Basics

Natürlich dürfen Sie eine der grundlegenden Regeln nicht vernachlässigen: Neben der praktischen Pflege braucht Ihre Pflanze auch regelmäßig emotionale Zuwendung. Pflanzen lieben Aufmerksamkeit und die sollten Sie ihr geben. Ein romantisches Essen zu zweit ginge vielleicht etwas zu weit, aber ab und zu ein Kompliment darüber, wie schön das Laub heute wieder liegt, kommt sicher gut an (siehe Seite 79 zum Thema: Komplimente an Ihre Pflanze).

Oder gönnen Sie der Pflanze etwas ganz Besonderes. Nehmen Sie sie mit ins Bad oder führen Sie ein tiefgründig philosophisches Gespräch über persönliches Wachsen. Nehmen Sie Ihre Pflanze mit auf eine Reise durch das Haus und gönnen Sie ihr ein Wochenende mit einer anderen Aussicht, als immer nur die auf die Straße vorm Haus. Singen Sie eine Serenade (siehe Seite 80 zur Inspiration) und gönnen Sie ihr eine delikate Portion Dünger.
Jeder weiß ein wenig Liebe und Aufmerksamkeit zu schätzen. Auch Ihre Pflanze.

Machen Sie den Test auf der nächsten Seite um herauszufinden, was für ein Pflegetyp Sie sind und wie Sie Ihrer Pflanze Liebe schenken oder schenken sollten.

WAS FÜR EIN PFLEGETYP SIND SIE?

Sind Sie fürsorglich, eher lässig oder vielleicht ein bisschen abenteuerlustig? Machen Sie den Test und entdecken Sie, zu welchem Pflegetyp Sie gehören!

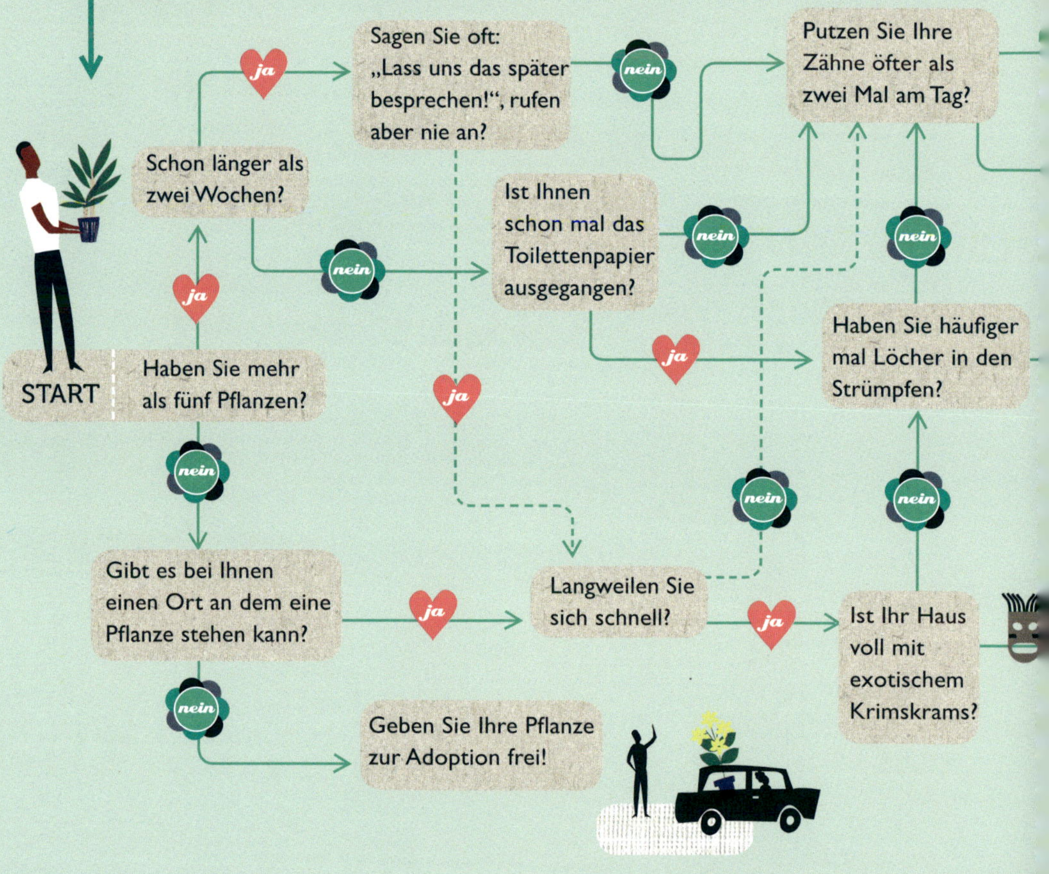

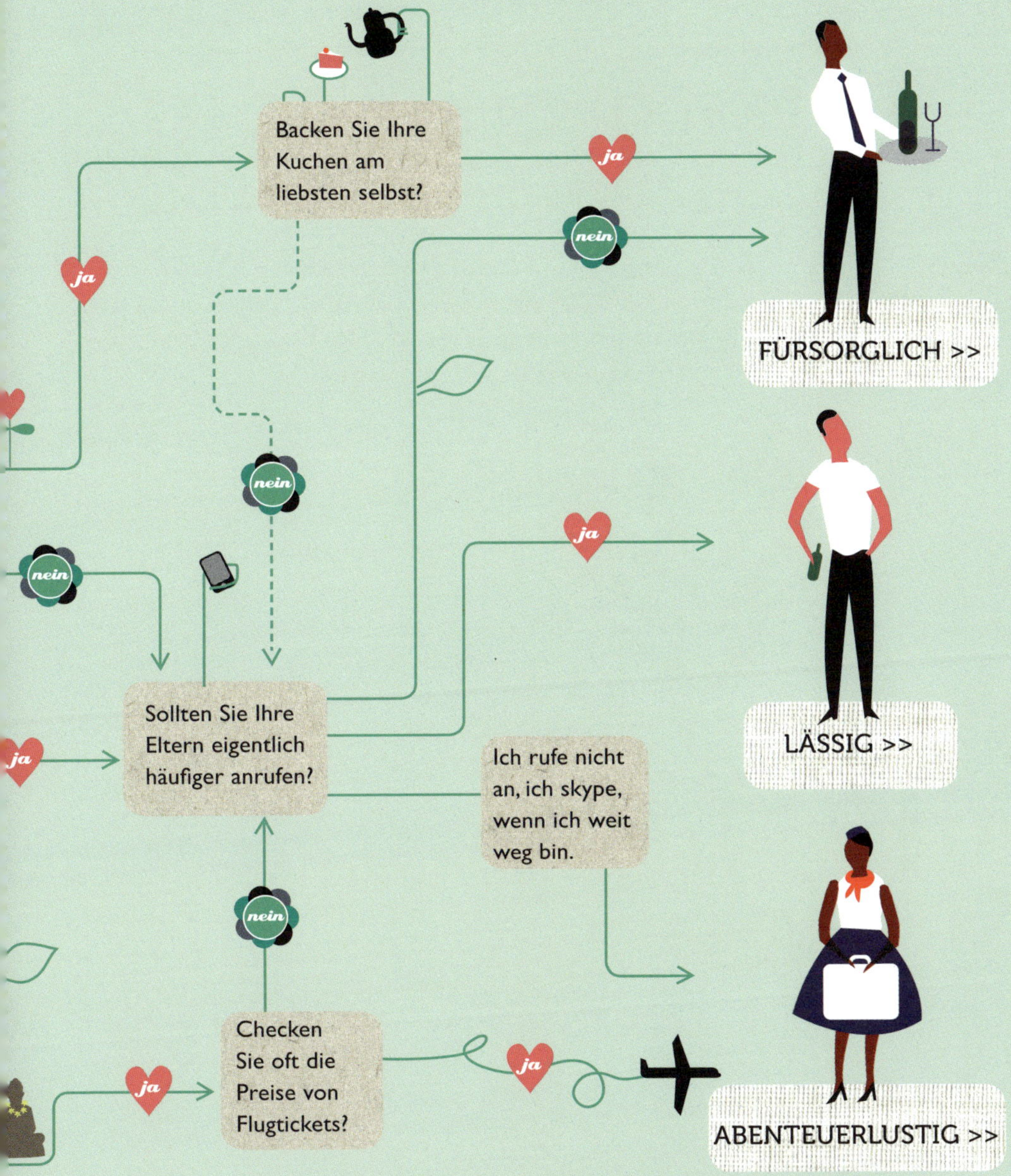

Lesen Sie mehr über sich und Ihren Pflegetyp >>

Ergebnis

DAS SIND SIE

Sie wissen jetzt, was für ein Pflegetyp Sie sind. Aber wissen Sie auch, was das für die Beziehung zwischen Ihnen und Ihrer Pflanze bedeutet? Hier der Schlüssel zur Selbsterkenntnis.

DER FÜRSORGLICHE TYP

Ihre Pflanze kommt nie zu kurz. Sie bekommt Wasser wenn nötig und immer ein paar Streicheleinheiten. Die Temperatur ist ideal, das Licht genau richtig. Wer würde sich von Ihnen nicht gern verwöhnen lassen? Doch Achtung, Sie könnten zu weit gehen. So viel Liebe kann den Partner auch erdrücken. Sie könnten zu viel gießen oder düngen. Und einige Pflanzen mögen es gar nicht, wenn man sie anfasst.

DER LÄSSIGE TYP

Sie halten nichts von Regeln und tun genau das, was Ihnen gerade in den Sinn kommt. Bei Ihnen hat alles seinen Platz. Es wird kaum langweilig in Ihren Beziehungen, auch nicht im Verhältnis zu Ihrer Pflanze. Wenn sie gerade nicht interessant ist, denken Sie auch nicht an sie. Doch in dieser Lässigkeit liegt auch die Gefahr, denn Ihre Pflanze braucht kontinuierliche Pflege. Ein paar kleine Fehler wird sie vergeben, doch wird sie zu oft vergessen, sind Sie sie los.

DER ABENTEUERLUSTIGE TYP

In Ihrem Leben geht es ständig rund. Sie sind andauernd auf Entdeckungstour und wenig sesshaft. Dadurch bringen Sie immer neue Geschichten, Erfahrungen und neues Wissen mit heim und davon profitiert auch Ihr Partner. Doch besonders fürsorglich sind Sie nicht. Ihre Pflanze muss oft für recht lange Zeit allein klarkommen. Und für die einsamen Zeiten wird sie nicht besonders dankbar sein.

DIE TREFFER

Jetzt wo Sie wissen in was für eine Pflanze Sie sich verliebt haben und was für ein Pflegetyp Sie sind, stellt sich nur noch die eine Frage: Passen Sie eigentlich zusammen? Hier die perfekten Paarungen „Made in Heaven". Doch auch für alle anderen Kombinationen gilt: Wenn man weiß worauf man achten muss, geht meistens alles glatt.

DER FÜRSORGLICHE TYP

Bester Treffer: Die Diva!

Sie und die Diva sind ein perfektes Duo. Sie sorgen gern für andere und sie lässt sich gern verwöhnen. Sie liebt es, dass Sie den ganzen Tag um sie herumwirbeln und prüfen, ob sie genug Wasser und Licht bekommt oder hier und da eine verwelkte Blüte abpflücken. Die Diva und Sie bringen das Beste im anderen zum Vorschein. Je besser Sie für sie sorgen, desto glanzvoller wird die Diva. Nur für Sie.

DER LÄSSIGE TYP

Bester Treffer: Der Fels in der Brandung!

Routine ist nichts für Sie und der Fels in der Brandung kommt gut damit klar. Jede Woche einmal gießen, dann wieder alle drei Tage, ihm ist alles recht. Wenn er bei Ihnen einzieht, müssen Sie nur einen Platz mit ausreichend Licht finden. Danach können Sie ihn beinahe sich selbst überlassen.

DER ABENTEUERLUSTIGE TYP

Bester Treffer: Der einsame Streiter!

Dies verspricht eine tolle Romanze zu werden, da sein Aussehen Sie an weite Fernen und Wild-West-Abenteuer denken lässt. Außerdem ist er der Einzige, der Sie so liebt wie Sie sind: abenteuerlustig und selten daheim. Sie haben nun mal keine Zeit sich ständig zu kümmern, und das passt ihm gut. Wenn Sie ihn nur in den seltenen Fällen nicht vergessen, wenn Sie mal zu Hause sind.

Unterdessen am Arbeitsplatz

Was Ihre Pflanze für Sie tut:

SIE REINIGT DIE LUFT

Ihre Pflanze sorgt für Sie, ohne dass Sie sich darüber bewusst werden. Indem sie die Luft reinigt, macht sie Ihr Leben ein bisschen gesünder.

Die Luftqualität in modernen Büros ist meist nicht besonders gut. Ob Drucker, Kopierer oder Klimaanlage – alle geben unsichtbare, aber schädliche Stoffe ab. Das sind meist chemische Verbindungen, die auch in geringen Konzentrationen ungesund sind. Sie können Kopfschmerzen, Müdigkeit, Irritationen der Augen, Schleimhäute und Luftwege verursachen. Ihre Pflanze kann einen Teil dieser Stoffe wie Formaldehyd und Benzol aus der Luft herausfiltern. Dies geschieht über die Spaltöffnungen der Blätter, über Bakterien, die in der Erde an der Pflanze sitzen und über ihre Wurzeln. Sie wandelt die Schadstoffe einfach in Nährstoffe für sich selber um.

Und was die Pflanze im Büro kann, kann sie zu Hause natürlich auch.

VERSCHWINDETRICK

Die NASA hat eine breit angelegte Untersuchung zur luftreinigenden Wirkung von Pflanzen in geschlossenen Räumen durchgeführt. Während der Untersuchung erhielt jede Pflanze ein eigenes kleines Plexiglashaus, in das chemische Gase eingeleitet wurden. Nach einiger Zeit wurde geprüft, ob und in welchem Maße die Gase verschwunden waren. Es zeigte sich, dass je nach Pflanze verschiedene Stoffe aufgenommen wurden. Doch fast alle absorbierten einen der schädlichen Stoffe aus ihrer Umgebung. Pflanzen nutzen auch Kohlendioxid (CO2) aus der Luft. Kohlendioxid selbst ist kein Schadstoff, doch zu viel CO2 ist die Ursache für die Erwärmung der Erde. Ihre Pflanze trägt also ein klein wenig zum CO2-Abbau bei und wirkt damit einem der größten Umweltprobleme dieses Jahrhunderts entgegen.

ZUSAMMEN LEBEN

Nach der ersten Verliebtheit ist jetzt die Zeit gekommen, dem anderen definitiv einen festen Platz im Leben zu geben. Das bedeutet auch langfristig zusammen wohnen! Bei jemandem einzuziehen bedeutet alles miteinander zu teilen. Also hören Sie den Wünschen Ihres neuen Hausgenossen gut zu. Ob viel Sonne oder mehr Schatten, wärmer oder etwas kühler — je mehr Sie Ihrer beider Vorlieben berücksichtigen, desto gemütlicher wird es. Das ist doch sehr viel versprechend.

EIN EHRENPLATZ FÜR IHRE LIEBE

Sie und Ihre Pflanze wollen nicht immer das Gleiche. Für Sie ist ein perfekter Standort der, an dem die Pflanze gut zur Geltung kommt. Die Pflanze legt aber vor allem Wert auf gute Wachstumsbedingungen. Um es ihr recht zu machen, müssen Sie ihr einen Platz mit genug Licht, der richtigen Luftfeuchtigkeit und einer optimalen Temperatur geben.

LANG LEBE DAS LICHT

Alle Pflanzen brauchen Licht. Die traurige Ecke in Ihrem Schlafzimmer ließe sich vielleicht mit einer Pflanze etwas aufmöbeln, aber keine würde es dort lange aushalten. Die besten Standorte sind Fensterbänke. Sie sind die VIP-Lounge für die grünen Stars. Eine Ausnahme ist das Südfenster im Sommer, dort würde es den meisten Pflanzen zu heiß. Pflanzen, die es sonnig lieben, schätzen auch ein Dachfenster. Dort ist es fast so, als stünden sie unter freiem Himmel. Es sind vor allem die Diven (blühende Pflanzen) und die einsamen Streiter (Fettpflanzen), die so eine Top-Location bevorzugen. Dem Fels in der Brandung (Blattpflanze) reicht weniger Licht. Er kann auch in einer Ecke, etwas weiter vom Fenster entfernt oder auf einem Schrank stehen. Doch Achtung: Bekommt er zu wenig Licht, lässt er die Blätter hängen, bekommt braune Flecken und segnet nach einigen Monaten das Zeitliche.

TIPP

Wenn Ihre Wohnung nur über wenige helle Plätze verfügt, lassen Sie Ihre Pflanzen alle zwei Wochen die Plätze tauschen. So bekommen alle trotzdem genug Licht. Wenn eine Pflanze unbedingt die dunkle Ecke begrünen soll, gönnen Sie ihr einen Tag in der Woche am Fenster. Doch Achtung, nicht gleich in die volle Sonne stellen, denn das vertragen Pflanzen, die wenig Licht gewohnt sind, nicht.

AUF DEM TROCKENEN

Trockene Luft lässt Knospen und Blätter verdorren. Besonders im Winter, wenn der Ofen brennt und die Heizung läuft, ist trockene Luft ein Problem. Das merken Sie auch an der eigenen Haut. Wer eine Klimaanlage hat, kennt das Problem auch im Sommer. Von allen Pflanzen vertragen die blühenden trockene Luft am wenigsten. Die meisten Blattpflanzen sind weniger anspruchsvoll (außer Pflanzen mit großen, dünnen Blättern wie Alocasia). Besonders robust sind Fettpflanzen, doch auch für sie sollte es nicht allzu trocken werden.

BADEZIMMER

Die feuchtesten Orte im Haus sind Badezimmer und Küche. Auch der Keller ist feucht, doch dort ist zu wenig Licht. Über der Heizung ist es besonders trocken. Stehen die Pflanzen dort, stellen Sie Wasserschalen auf, aus denen das Wasser langsam verdunsten kann, um die Luftfeuchtigkeit zu erhöhen.

FROSTBEULEN

Ein großer Teil der Zimmerpflanzen stammt ursprünglich aus warmen Gegenden – wo man unsere Zimmerpflanzen auch in der freien Natur antrifft. Logisch also, dass sie im Haus gut gedeihen und auch im Winter dort bleiben müssen. Blühende Zimmer- und Blattpflanzen fühlen sich bei einer Temperatur zwischen 18 und 22 Grad das ganze Jahr über wohl. Bei niedrigeren Temperaturen gehen sie nicht gleich ein, aber Kälte über Wochen schmeckt ihnen gar nicht.

Fettpflanzen brauchen sogar eine kühlere Periode im Winter. Wenn sie ihren Winterschlaf gehalten haben, beginnen sie nämlich zu blühen. Stellen Sie diese Pflanzen etwa zwei Monate an einen kühleren Ort bei 10 bis 15 Grad. Kakteen machen sogar drei Monate Winterschlaf bei 4 bis 10 Grad. Während dieser Ruhephase brauchen die Pflanzen auch kaum Wasser.

TIPP

Ist Ihr Haus kalt oder schlecht isoliert? Dann stellen Sie Ihre blühenden und grünen Zimmerpflanzen in den wärmsten Raum. Achten Sie aber darauf, dass dort genügend Licht ist, dann brauchen Sie nicht das ganze Haus zu heizen, wenn Sie eine Weile nicht daheim sind.

„GRÜN HAT EINE WIRKUNG AUF ALLES UND JEDEN"

FRAGE ANTWORT

„Seit jeher gehen die Menschen in die Natur, wenn sie nach Lösungen und guten Ideen suchen", meint Iris Bakker. Sie promoviert an der TU Delft mit einer Untersuchung über die Wirkung der Umgebung auf die Produktivität von Menschen. So ging sie auch der Frage nach, ob Pflanzen im Haus oder im Büro die Lust an der Arbeit positiv beeinflussen. Und es scheint zu stimmen: „Grün hebt uns auf ein höheres Denkniveau."

Machen uns Pflanzen wirklich produktiver?

„Um diese Aussage treffen zu können, muss man zunächst betrachten, was man eigentlich unter Produktivität versteht. Oft denken wir bei diesem Wort an Begriffe wie Effektivität und Effizienz. Dass wir uns gut fühlen, freundlich miteinander umgehen und gegenseitig respektieren, ist auch wichtig. All dies können Pflanzen beeinflussen."

Wie beeinflussen uns die Pflanzen?

„Pflanzen können uns helfen, ein höheres Denkniveau zu erreichen. Die alten Griechen kannten schon die positive Wirkung der Natur. Wenn Sie sich mit komplexen Fragen auseinandersetzten, spazierten sie redend durch den Garten. Die Kombination der grünen Umgebung und der Bewegung brachte sie zu tieferen Einsichten. Die chinesischen Weisen philosophierten in Gartenhäusern, und von Liszt und Nietzsche weiß man, dass der Blick in die Natur sie zu den größten Denkleistungen anregte."

Haben Pflanzen im Büro auch so eine Wirkung?

„Ja sicher. Zimmerpflanzen sind Teil der Natur und die Natur hat immer eine beeindruckende Wirkung. Jede Pflanze besitzt eine einzigartige Identität mit einer einmaligen Struktur und individuellen Eigenschaften. Bei der Kastanie zum Beispiel hat die Frucht die gleiche runde Form wie die Baumkrone und diese stimmt wiederum mit den Umrissen des fünf- oder siebenfingrigen Blattes überein. Das gibt uns ein Gefühl der Ordnung und der Sicherheit. Und dieses hat eine heilende Wirkung auf Menschen. Neben der Sehnsucht nach Ordnung haben wir aber auch ein Bedürfnis nach Abwechslung. Die Natur bietet uns das: eine grenzenlose Vielfalt an Formen, Farben, Düften, Texturen, die noch durch die Jahreszeit und das Wetter verstärkt wird. Die Kombination von Ordnung und Abwechslung in der Natur und bei den Pflanzen hat einen belebenden Effekt auf Menschen."

Gibt es auch andere Effekte?

„Ein bekannter Effekt ist die Beeinflussung der Qualität des Raumklimas, wie Luftqualität, Geräuschpegel und auch Temperatur. Kümmert man sich im Büro gemeinsam mit seinen Kollegen um die Pflanzen, verstärkt das auch das Gemeinschaftsgefühl. Wenn man zum Beispiel die Pflanzen der Reihe nach gießt, kommen Menschen an Orte im Unternehmen, die sie sonst nicht so häufig betreten. Man spricht dann mit Kollegen auf eine andere Art und sieht woran sie arbeiten. Das sorgt nicht nur für eine stärkere Bindung zwischen den Menschen, man tauscht auch sein Wissen schneller aus, wodurch leichter neue Ideen entstehen."

Also für jeden eine Pflanze ins Büro.

„Das wäre sehr sinnvoll, aber auch eine Pflanze braucht eine gute Arbeitsumgebung (siehe Seite 40 zur Fotosynthese, Anm. d. Red.) und verlangt wie die Menschen nach Aufmerksamkeit. Alles was Zuwendung bekommt, entfaltet sich besser: Pflanzen sind da genauso wie Menschen."

DAS WUNDER DER FOTOSYNTHESE

Pflanzen sind Meister der Fotosynthese, eines komplizierten chemischen Prozesses, durch den Ihr kluger Gefährte Energie aus Wasser, Licht und Kohlendioxid bildet. Und Sie sozusagen als Abfallprodukt mit Sauerstoff versorgt.

Foto = Licht, Synthese = Herstellung; bei der Fotosynthese werden Kohlendioxid, Wasser und Licht in Zucker und Sauerstoff umgewandelt. Das funktioniert ungefähr so:

In den Chloroplasten, das sind kleine Körner in denen sich das Blattgrün befindet, werden die Grundstoffe (Wasser, Kohlendioxid und Licht) zur Herstellung des Endproduktes gespeichert. Das Wasser wird vor allem über die Wurzeln der Pflanze aufgenommen (manchmal auch etwas über die Luft) und gelangt über die inneren Leitungsbahnen weiter in die Chloroplasten. Das Kohlendioxid dringt über die Spaltöffnungen, einer Art Pore in den Blättern, in die Pflanze ein. Die Energie, um dieses System in Bewegung zu setzen, holt sich die Pflanze aus dem (Sonnen-)Licht. Wenn alles in den Chloroplasten bereit ist, beginnt die Fotosynthese: Kohlendioxid, Wasser und Licht werden in Zucker und Sauerstoff umgewandelt.

Die Leitungsbahnen bringen den Zucker an alle Stellen in der Pflanze, wo diese ihn braucht. Als Nebenprodukt bei der Fotosynthese entsteht Sauerstoff, der über die Spaltöffnungen wieder an die Umgebungsluft abgegeben wird.

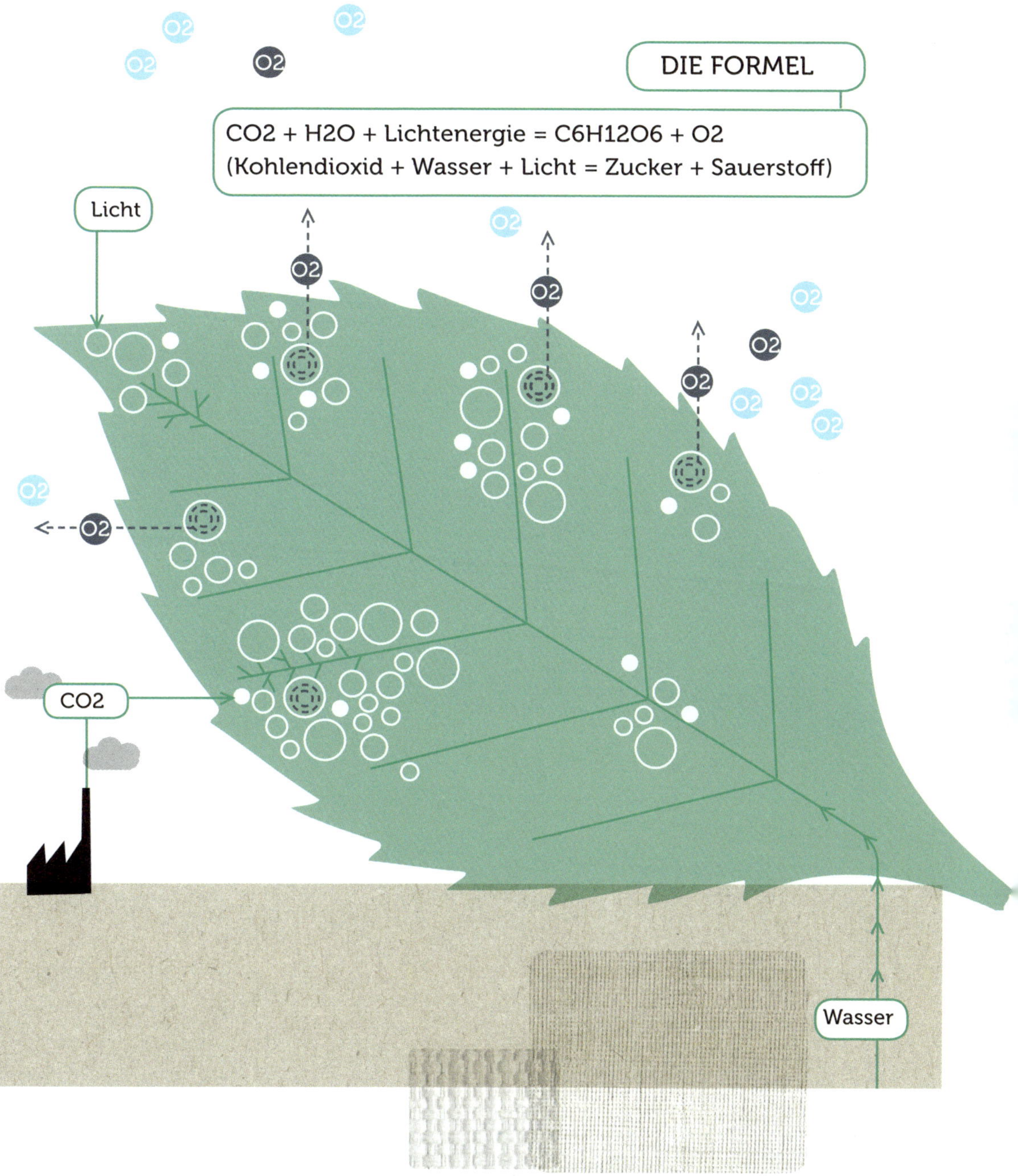
DIE FORMEL
CO2 + H2O + Lichtenergie = C6H12O6 + O2
(Kohlendioxid + Wasser + Licht = Zucker + Sauerstoff)
Licht
CO2
Wasser
O2

DAS BUCH DES WACHSENS

Bevor Sie es richtig bemerkt haben, ist Ihre Pflanze ein ganzes Stück gewachsen und Sie können sich an die süße Babyphase kaum noch erinnern. Warum also die Fortschritte Ihres Sprösslings nicht in einem Pflanzentagebuch aufzeichnen?

- Dies ist das Pflanzentagebuch von ______________________
- Gekauft/geschenkt bekommen ______________ am ____ - ____ - 20__
- Name ______________________
- Datum ______________________

KLEBEN SIE HIER EIN FOTO IHRER PFLANZE EIN.

- An meinem ersten Tag war ich ________ Zentimeter groß und wog ________ Gramm.
- Mein Vater ist ______________________
- Meine Mutter ist ______________________
- Ich habe _____ Zimmergenossen.

- Mein erster Standort im Haus war ______________________

- Das ist eines meiner ersten Blätter:

KLEBEN SIE HIER EIN BLATT IHRER PFLANZE AUF.

- Ich trinke ____ Liter Wasser pro Woche.
- Ich wurde zum ersten Mal gedüngt

  am ____ - ____ - 20

  Ich bekomme ____ (Marke und Menge)
- Ich wurde zum ersten Mal umgetopft am ____ - ____ - 20
- Mein neuer Topf war ____ Zentimeter größer als mein alter Topf.
- Ich wurde zum ersten Mal gestutzt am ____ - ____ - 20

  Es wurden ____ Blätter entfernt und ____ Zweige und ich wurde

  ____ Zentimeter kleiner.

So bin ich gewachsen! -Tabelle

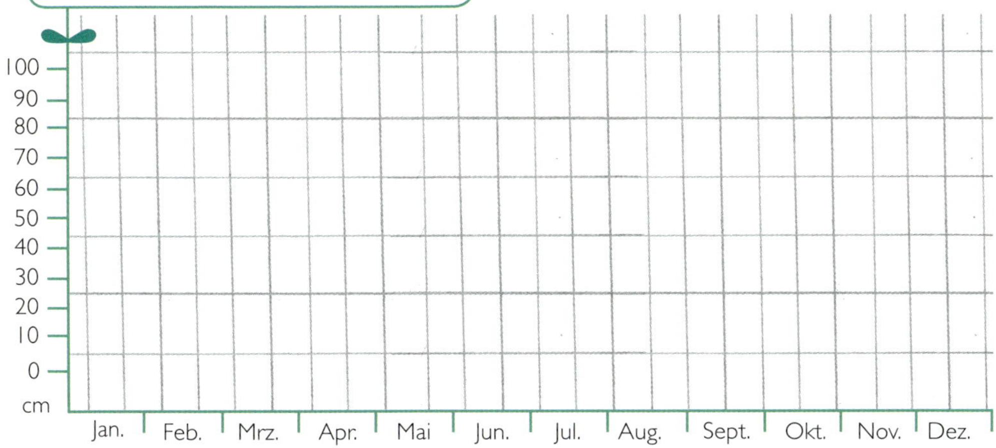

EIN TOPF FÜR IHRE PFLANZE

Neben einem guten Standort braucht Ihre geliebte Pflanze einen schönen Topf. Nicht zu groß, nicht zu klein und immer mit einem Loch im Boden. Wie sieht eigentlich der richtige Topf aus?

Was für einen Topf Sie auch kaufen, das Wichtigste ist, dass überschüssiges Wasser ablaufen kann. Also sollte er immer ein Loch im Boden haben. Um zu verhindern, dass Sie zu Hause ein Wasserballett veranstalten, können Sie Ihre Pflanze in ihrem Kulturtopf – das ist der Plastiktopf mit den kleinen Löchern, in dem Sie die Pflanze kaufen – in einen dichten Ziertopf stellen. Aber dann immer etwas erhöht, so dass ungefähr ein Zentimeter Wasser im Ziertopf stehen bleiben kann, ohne dass der Kulturtopf darin badet. Das kann man mit ein paar kleinen Kieseln, Korken oder einem umgedrehten Teller schnell erledigen. Oder stellen Sie die Pflanze in einen Ton- oder Kunststofftopf mit einem Loch im Boden und darunter einen Teller, der das überschüssige Wasser auffängt.

TIPP

Wenn Sie einen neuen Tontopf gekauft haben, stellen Sie diesen erst eine Viertelstunde in eine Schüssel mit Wasser. Neue Töpfe sind oft so trocken und durstig, dass sie sich beim ersten Gießen komplett vollsaugen und für die Pflanze kein Wasser übrig lassen.

TON ODER PLASTIK?

Töpfe aus Ton sind porös, sie atmen ein wenig. Das bedeutet, dass Wasser auch über den Topf verdunstet und man häufiger gießen muss. Andererseits sorgen die superkleinen Löcher dafür, dass Luft in den Topf kommt. Und das ist für viele Pflanzen wichtig, damit die Wurzeln gesund und frisch bleiben. Plastik hat den Vorteil, dass es undurchlässig ist und das Wasser gut festhält. Das gesamte Gießwasser geht in die Pflanze und nicht in die Wände des Topfes. Der Nachteil ist, dass die Wurzeln nur über die Oberfläche der Topferde Luft bekommen.

SCHWERE JUNGS

Auch das Gewicht sollten Sie bei Ihrer Auswahl berücksichtigen. Wenn Ihre Pflanze oft den Standort wechseln soll, zum Beispiel wenn sie in einer dunklen Ecke steht und Sie ihr regelmäßig einen Licht-Tag gönnen wollen, ist ein Plastiktopf schön leicht. Töpfe aus Ton sind viel schwerer und besonders bei größeren Töpfen ist der Unterschied recht deutlich. Allerdings sorgt ein schwerer Topf für mehr Stabilität. Eine kopflastige Pflanze in einem Plastiktopf läuft Gefahr schnell mal umzufallen.

EIN ANZUG NACH MASS

Die meisten Pflanzen mögen keine zu großen Töpfe. Das Wasser kann sich an Stellen ansammeln, die die Wurzeln nicht erreichen können. Das sorgt für zu viel Feuchtigkeit und möglicherweise faulende Wurzeln. Zu kleine Töpfe schätzen Pflanzen aber auch nicht besonders, denn darin haben sie keinen Platz, um zu wachsen. Um festzustellen, ob Ihre Pflanze in ihrer Entfaltung behindert wird, müssen Sie die Wurzeln anschauen. Wenn diese nach oben wachsen oder viele Wurzeln aus den Löchern am Boden des Topfes herauswachsen, ist das ein deutlicher Ruf nach mehr Raum. Manchmal sind die Pflanzen schon beim Kauf reif für einen neuen Topf. Sehen Sie auch bei einer gerade gekauften Pflanze immer nach, ob sie nicht ein größeres Zuhause braucht, bevor Sie ihr einen festen Standort geben. Mehr Informationen zum Umtopfen finden Sie auf Seite 89.

TIPP

Sie können die Pflanze in ihrem Topf auch auf einen kleinen Karren stellen, dann ist es leichter häufiger den Standort zu ändern.

Unterdessen am Arbeitsplatz

Was Ihre Pflanze für Sie tut:

SIE SORGT FÜR ENTSPANNUNG

Sie zählen bis 78 ohne Taschenrechner und ohne Zuhilfenahme der Finger. Und plötzlich werden Sie von unerwartetem Lärm abgelenkt. Sie haben Sensoren am ganzen Körper und auf der anderen Seite der Tür steht ein Wissenschaftler, der auf das Ergebnis Ihrer Berechnung wartet.

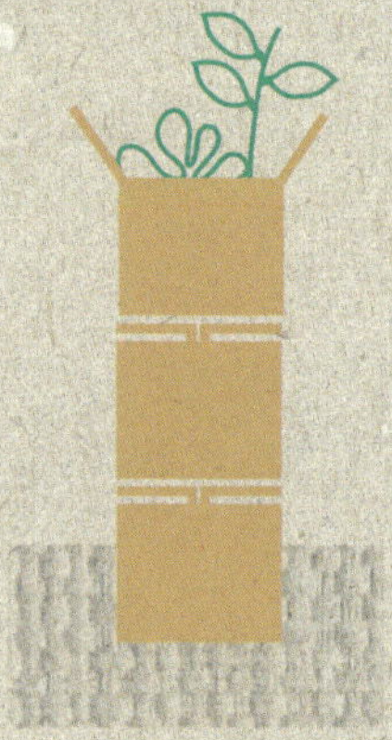

So sah das Experiment aus, das Helen Russell an der Universität von Surrey in England durchführte. Und ja, die Personen, die im Raum von lebendem Grün umgeben waren, waren weniger gestresst als die in einem Raum ohne Pflanzen. Außerdem ließ der Stress im Körper nach Erledigung der Rechenaufgabe schneller nach als bei den Testpersonen ohne Pflanzengesellschaft.
Es wurden noch eine Reihe von weiteren Untersuchungen zur beruhigenden Wirkung von Pflanzen durchgeführt. Bei einer dieser Untersuchungen wurde der Blutdruck von Testpersonen gemessen, die sich in einem fensterlosen Raum befanden. Sie

mussten eine ganz einfache Aufgabe erfüllen. Wenn sich Pflanzen in dem Raum befanden, blieb der Blutdruck eine bis vier Einheiten niedriger.

Wenn Sie also mit Deadlines arbeiten, einen Chef haben, der Ihnen ständig im Nacken sitzt, einen Kollegen, der alle naselang wie von der Tarantel gestochen aufschreit oder einfach nur schwierige Kunden: Stellen Sie sich ein paar Pflanzen ins Büro – und das Chill-Out kann beginnen.

Und was die Pflanze im Büro kann, kann sie zu Hause natürlich auch.

ZEIT FÜR MICH

Schön gemütlich, das Zusammenwohnen. Doch ab und zu auch ein bisschen zu behäbig, jetzt wo die erste Verliebtheit vorbei ist. Sie haben auch die weniger schönen Seiten Ihres Lieblings kennengelernt. Und manchmal, ohne besonderen Grund, macht es Spaß auch wieder mal was allein zu unternehmen. Wie in Urlaub fahren. Oder einen Abend mit Freunden zu verbringen. Ihre geliebte Pflanze kann auch mal eine Weile ohne Sie klarkommen. Tatsächlich sogar besser, als Sie glauben.

EINE WEILE GETRENNT

Hin und wieder suchen Sie nach einem Abenteuer, weg von dem täglichen Trott. Ihre Pflanze können Sie aber nicht immer mitnehmen. Was also tun? Wie sorgen Sie dafür, dass Ihre Pflanze auch noch gesund und munter ist, wenn Sie energiegeladen von Ihrer Reise zurückkommen?

Je länger Sie wegbleiben, desto mehr wird Sie Ihre Pflanze vermissen.

Ein langes Wochenende? Kein Thema. Eine Woche? Die Diva (blühende Pflanze) wird es Sie merken lassen, dass ihr langes Alleinsein nicht recht ist. Zwei Wochen Frankreich? Die einsamen Streiter (Fettpflanzen) haben Sie nicht vermisst. Der Fels in der Brandung (Blattpflanze) lässt sich vielleicht wieder aufpäppeln, aber die Diva findet es unverzeihlich so lange ohne Pflege zu sein. Wollen Sie länger als zwei Wochen Urlaub machen, brauchen Sie einen Pflanzensitter. Oder Sie müssen akzeptieren, dass bei Ihrer Heimkehr in der Wohnung nur noch sehr widerstandfähiges Leben zu finden ist.

FERIEN RETTUNGSTIPPS

Stellen Sie Ihre Pflanzen auf einen Teller oder in eine Schale, in der Wasser stehen bleiben kann, das die Wurzeln erreichen können. So kann man das Austrocknen verzögern. Sie sollten die Pflanzen vor Ihrer Abreise allerdings gut gießen.

Stellen Sie Ihre Pflanzen eng zusammen. Gemeinsam sorgen sie für ein Mikroklima mit höherer Luftfeuchtigkeit und sie gedeihen einfach besser.

Sorgen Sie dafür, dass es nicht zu warm oder zu kalt wird. Lassen Sie im Sommer ein Gitter oder ein kleines Fenster (durch das kein Unbefugter ins Haus kann!) offen, und schalten Sie im Winter die Heizung nicht vollständig aus.

TIPP

Denken Sie daran, dass mehr Pflanzen an zu viel Wasser eingehen als durch zu wenig. Auch in der Natur gibt es Trockenperioden. Die meisten Pflanzen sind nicht aus Watte!

Basteln Sie sich eine automatische Wasserversorgung! (siehe Seite 56).

Wenn Sie lange verreisen, geben Sie Ihrer Pflanze ein wenig Dünger bevor Sie entschwinden. Als Notreserve sozusagen.

Stellen Sie die Pflanzen aus der Sonne, aber trotzdem hell.

Kein Pflanzensitter im Freundeskreis aufzutreiben? Suchen Sie bei Google nach „Haussitter", um Websites von Betreuungsdiensten zu finden.

MUNTERMACHER

Sie kommen heim und Ihre Pflanzen lassen die Köpfe hängen. Es scheint keine Rettung mehr zu geben. Geben Sie nicht auf. Stellen Sie Ihre Pflanze mit Topf in eine Schüssel mit Wasser. Dabei ist wichtig, dass im Topfboden Löcher sind. Ist das nicht der Fall, ziehen Sie Ihre Pflanze aus dem Topf. Wenn sie auf dem Wasser schwimmt, beschwere Sie den Topfballen zum Beispiel mit einem Stein, so dass sie auf dem Boden des Wasserbehälters stehen bleibt. Lassen Sie sie eine bis zwei Stunden trinken. Das Wasser steigt von der Unterseite des Topfes nach oben, bis die ganze Erde schön durchnässt ist. Der ultimative Muntermacher für Ihre trockene Pflanze.

GIESSEN FÜR HEIMWERKER

Wer keinen Pflanzensitter bestellen will, kann auch selbst etwas konstruieren. Ein bisschen Bastelei und ab in den sorgenfreien Urlaub.

In zehn Minuten fertig: ein exklusives Bewässerungssystem für Ihre Pflanze.

MATERIAL
- PET-Flasche (klein oder groß)
- Nylonstrümpfe
- Schere oder Säge
- Hammer
- Nagel

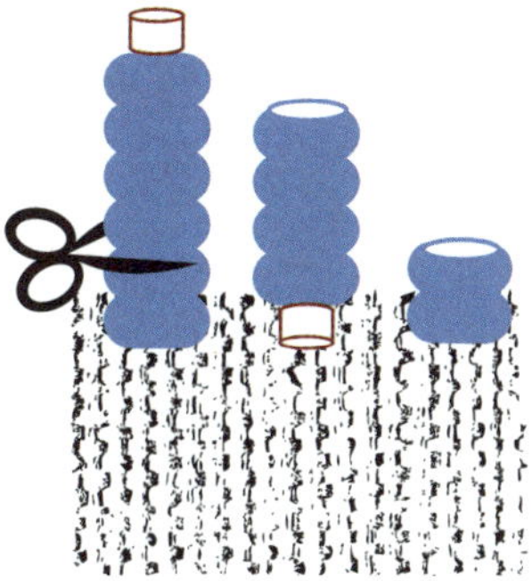

Schneiden Sie vom unteren Teil der Flasche ein gutes Stück ab.

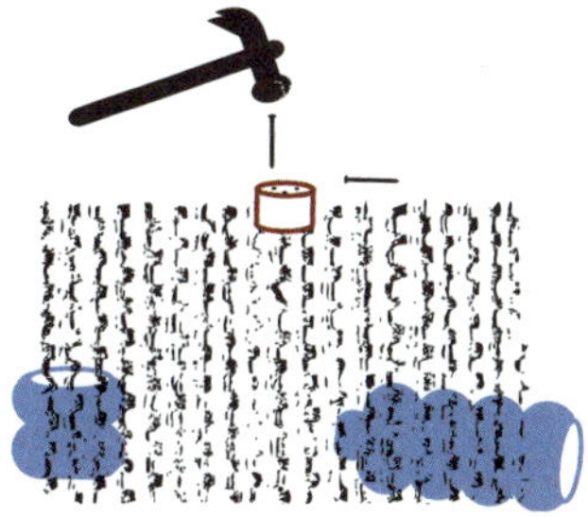

Nehmen Sie den Deckel der Flasche und bohren Sie mit Hilfe von Hammer und Nagel drei kleine Löcher hinein.

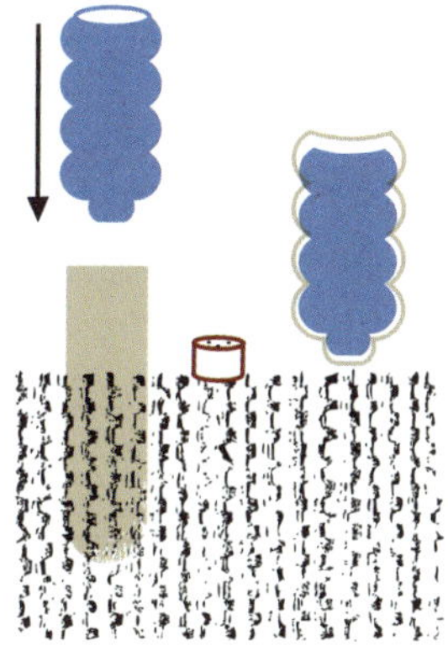

Spannen Sie ein Stückchen des Nylons über die Öffnung der Flasche. Das verhindert, dass sich die Löcher sofort mit Erde zusetzen.

Drehen Sie den Deckel über dem Nylon auf die Flasche. Stecken Sie die Flasche mit dem Deckel nach unten in den Topf.

Machen Sie die Flasche voll. Sie gibt nun langsam das Wasser an die Erde ab.

Starten Sie in den Urlaub.

Sie würden diese einfache Lösung gern zur Dauereinrichtung machen? Das geht leider nicht, denn für viele Pflanzen wäre die Erde so immer ein wenig zu nass. Denn Wurzeln brauchen manchmal auch abgetrocknete Erde, damit sie Luft bekommen können.

DER IQ IHRER PFLANZE

Pflanzen sind nicht dumm. Sie können miteinander und mit Insekten kommunizieren. Das entdeckte Marcel Dicke, Professor für Entomologie an der Universität Wageningen, in seiner weltberühmt gewordenen Untersuchung über die Interaktion zwischen Pflanzen und Insekten.

Pflanzen können kommunizieren?

„Pflanzen können mit den Feinden ihrer Feinde in Kontakt treten: Das geht aus unserer Untersuchung eindeutig hervor. Wir haben es allerdings bereits vermutet. Wir wussten, dass Pflanzen, die von Spinnmilben befallen waren, auch Raubmilben anzogen, die Feinde der Spinnmilbe. Andere Forscher waren der Meinung, dass die Ursache dafür der Geruch der Spinnmilben sei. Doch wir haben uns gedacht: Angenommen, du bist eine Pflanze, dann wärst du doch verrückt, wenn du nicht selbst die Raubmilben anlockst, um dich von den Spinnmilben zu befreien. Denn sonst saugen dich die Spinnmilben aus. Die Pflanze würde die Raubmilben über Duftstoffe anlocken. Und es zeigte sich, dass es genauso vor sich geht. Auch ein Indiz: Spinnmilben suchen sich bevorzugt Pflanzen aus, auf denen noch keine anderen Spinnmilben sitzen. Eine frische Pflanze also, die keine Duftsignale an Raubmilben aussendet."

Also gestehen Sie der Pflanze so was wie menschliche Klugheit zu?

„Das war unter Wissenschaftlern allerdings nicht alltäglich. Aus diesem Grund haben ausländische Kollegen auch etwas befremdet reagiert. Aber wir haben tatsächlich, nach jahrelangen Untersuchungen an Bohnenpflanzen, eindeutig bewiesen, dass Pflanzen die Feinde ihrer Feinde anlocken. Und es wurde bisher noch keine Pflanze gefunden, die das nicht tut und wir haben nun etwa dreißig untersucht. Ich wage zu behaupten, dass alle Pflanzen das können."

Und können Pflanzen auch mit Pflanzen sprechen?

„Das ist ein bisschen heikel. In den 80er-Jahren erschien ein Science Fiction über Pflanzen, die Mörder erkennen konnten. So kamen wir auf die Idee zu untersuchen, ob benachbarte Pflanzen gegenseitige Signale empfangen können. Und das scheint tatsächlich so zu sein. Eine Bohnenpflanze, die neben einer anderen Bohnenpflanze steht, die von Spinnmilben befallen ist, schaltet die Gene ein, die auf Verteidigung programmiert sind, so dass sie für die Spinnmilbe unattraktiv wird. Außerdem versetzt sie sich selbst in Bereitschaft und reagiert, wenn sie doch von Spinnmilben befallen wird, schneller mit der Aussendung der Duftstoffe, die die Raubmilben anziehen, als eine Pflanze, die zuvor nicht gewarnt wurde."

Könnte man zu Hause auch etwas vom Gerede der Pflanzen mitbekommen?

„Wenn man eine besonders empfindliche Nase hätte, schon. Doch wenn die Pflanze gut gepflegt wird, wird sie natürlich nicht krank. So schützt man seine Pflanze am besten gegen alle Feinde."

Hört eine Pflanze was wir sagen?

„Nein. Ich wüsste nicht warum. Wenn man nah an einer Pflanze vorbeigeht, erhöht sich der CO2-Gehalt um ein paar Prozent. Das merkt eine Pflanze. Das ist aber auch das Einzige."

Schade.

„Vielleicht. Doch Pflanzen sind viel klüger, als man denkt. Pflanzen können ja nicht laufen. Ihre Feinde, die Insekten, können sich aber sehr gut fortbewegen. Und trotzdem gelingt es der Pflanze sich zu wehren. Man sieht selten Pflanzen, die aufgrund von Insektenbefall eingehen. Versuchen Sie das mal: an einen Ort gefesselt sein und den Angreifer doch besiegen."

PFLANZE & WISSENSCHAFT

WORLD WIDE PFLANZEN WEB 3.0

Weltweit suchen Computerfreaks und Bastler nach Möglichkeiten in Kontakt mit ihrer Pflanze zu bleiben, auch weit von zu Hause entfernt. Hier sind drei kluge Methoden die geliebte Pflanze zu versorgen, auch wenn Sie nicht in der Nähe sind.

TWITTERNDE PFLANZE

Wenn Sie sich mit Computern, Strom, Löten und dem Auskundschaften ausverkaufter Bedarfsartikel auskennen, wird Ihre Pflanze in kürzester Zeit twittern. Sie meinen das geht nicht? Schauen Sie mal auf **www.twitter.com/botanicalls**. Aktuelle Luftfeuchtigkeit: 78 Prozent. Danke schön fürs Gießen!

Die Computerfreaks von **www.botanicalls.com** haben einen Bausatz entwickelt, mit dem Ihre Pflanze twittern kann. Wie es funktioniert? In etwa so:

Zwei Feuchtigkeitsmesser in der Erde sind mit einem Chip, der an einem Blatt der Pflanze befestigt ist, verbunden. Dieser gibt Informationen an einen Computer oder ein Telefon weiter. Dort wird die Information in zuvor programmierte Twitterberichte umgewandelt. Ihre Pflanze hat eine eigene Twitterseite, die Sie abonnieren können. So kann Ihnen die Pflanze selbst sagen, wann es Zeit ist für einen kleinen Drink. Auch wenn Sie in einer Hängematte auf Bali liegen. Sie könnten dann Ihre heimischen Hilfstruppen aktivieren, um Ihre Pflanze zu gießen.

GIESSEN PER I-PHONE

Einem klugen amerikanischen Bastler namens Peter ist es gelungen, eine Gießvorrichtung zu entwickeln, die man aus der Ferne bedienen kann. Indem er sein iPhone bewegt, bewegt er auch den Gießer zu Hause. Eine Bewegung, die man auch gut in einer Hängematte machen kann. Nur noch programmieren. Zur Inspiration, siehe auch:

http://gizmodo.com/386972/remote-plant-watering-via-iphone

PINKELNDER ROBOTER

Wenn Heimwerken nicht Ihre Sache ist, dann können Sie – für ein kleines Vermögen – auch versuchen Besitzer eines Gießroboters zu werden. Studenten der amerikanischen Technischen Universität MIT bauten 2009 einen Roboter, der sich um Pflanzen kümmert ohne sie anzufassen. Sensoren in der Topferde teilen dem Roboter mit wann es Zeit ist die Pflanze zu gießen. Die Roboter konnten sogar Tomaten pflücken, allerdings fehlte es ihnen noch ein wenig am nötigen Feingefühl.

http://gizmodo.com/5177792/robots-care-for-plants-by-peeing-on-them

Unterdessen am Arbeitsplatz

Was Ihre Pflanze für Sie tut: SIE HÄLT IN FORM

Trockene Haut, Augenirritationen, Probleme mit dem Hals. Typische Bürokrankheiten, die durch zu trockene Luft verursacht werden. Ein paar Pflanzen um Sie herum sorgen für das bisschen Feuchtigkeit, die alles wieder ins Lot bringt.

KOPFSCHMERZEN

Die optimale Luftfeuchtigkeit zu Hause oder im Büro liegt zwischen 40 und 60 Prozent. Darüber wird es zu feucht, genau richtig für Schimmel und Bakterien. Darunter ist es zu trocken. Zu trocken für Ihre Haut und eigentlich auch zu trocken für Ihre Pflanzen (mal abgesehen von Fettpflanzen, die damit gut zurechtkommen). Die Klimaanlage, die der Luft die Feuchtigkeit entzieht und die Heizung, die die Luft austrocknet, sorgen für trockene Stellen auf unserer Haut, für juckende Augen und das Kribbeln im Hals. Und das kann wiederum zu Kopfschmerzen und anderen Beschwerden führen.

GESUNDER ATEM

Pflanzen helfen Ihnen die Luftfeuchtigkeit anzuheben. Pflanzen schwitzen genau wie wir. Sie geben durch ihre Spaltöffnungen Feuchtigkeit an die Luft ab. Das tun sie ständig und wenn die Luft trocken ist umso mehr. Wenn Sie in einer trockenen Umgebung Pflanzen aufstellen – eine ist da nicht genug – können Sie die Luftfeuchtigkeit verbessern und Ihre Haut bleibt wunderbar geschmeidig. Als guter Pflanzenversorger, wissen Sie, dass Pflanzen trockene Luft nicht besonders mögen. Wenn die Luft im Raum also eher einem Wüstenklima entspricht, stellen Sie Ihre Pflanze auf eine Wasserfläche und sorgen Sie auch auf andere Art und Weise dafür, dass sich die Luftfeuchtigkeit erhöht. So gehen Sie das Problem von zwei Seiten an: Was gut für Ihre Pflanze ist, ist auch gut für Sie.

Und was die Pflanze im Büro kann, kann sie zu Hause natürlich auch.

Phase 4 NEUES LEBEN

Es läuft alles super zwischen Ihnen und Ihrer Pflanze. Man weiß, was man aneinander hat und kann dem anderen vertrauen. Zeit, an die Zukunft zu denken und gemeinsam große Pläne zu schmieden. Für Nachwuchs sorgen, zum Beispiel. Denn was ist besser, als das Verhältnis mit ein paar kleinen Ablegern zu vertiefen? Bei all den neuen Aufgaben dürfen Sie natürlich nicht vergessen, sich gegenseitig besonders zu verwöhnen. Musik, ein wenig Feng Shui-Energie und natürlich Freude haben an den kleinen Sprösslingen.

BISTER

FAMILIEN PLANUNG

Sind Sie und Ihre Pflanze bereit für Familienzuwachs? Dann ist der nächste Schritt spielend einfach. Schneiden Sie einen Trieb von Ihrer Pflanze ab, gönnen Sie ihm die richtige Pflege und bevor Sie damit rechnen, entwickelt sich schon ein neuer Spross. Dieses kleine Wunder nennt man auch „Steckling".

Bei der Fortpflanzung sind Pflanzen nicht besonders kompliziert. Nicht allein auf ihre Befruchtung und Samenbildung angewiesen – so wie wir – können sich die meisten auch durch Klonen vermehren.

Vermehren durch Stecklinge bedeutet: ein Stück von der Pflanze abschneiden oder pflücken, an dem sich neue Wurzeln bilden können, so dass sich daraus eine ganz neue Pflanze entwickelt. Welcher Teil dafür am besten geeignet ist, hängt von der Pflanzenart ab. Einige Pflanzen lassen sich am besten über Kopfstecklinge vermehren, andere über Blatt- oder Stammstecklinge. Es gibt auch Pflanzen, die man einfach teilen kann. Das bedeutet, dass man die Pflanze inklusive Wurzel in zwei oder mehrere Teile spaltet. Und einige Pflanzen bilden sogar selbst kleine Ableger und Sie brauchen nur noch die Nabelschnur durchzutrennen.

KOPFSTECKLINGE

Kopfstecklinge leicht gemacht

❶ Schneiden Sie einen schönen, gesunden Zweig von der Spitze der Pflanze. Er sollte etwa 10 bis 15 cm lang sein.

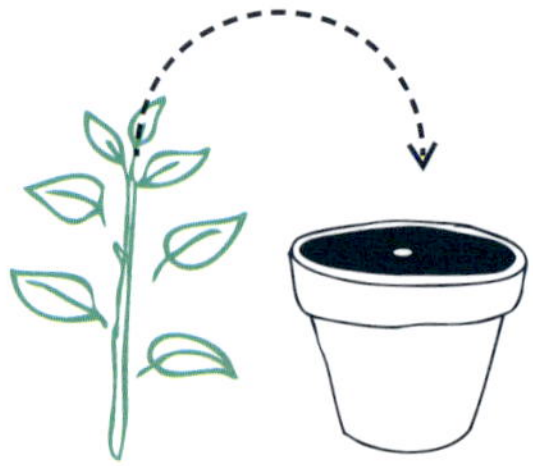

❷ In die feuchte Pflanzerde, die Sie in einen Topf gefüllt haben, bohren Sie mit einem Bleistift ein Loch. Stellen Sie den Steckling hinein und drücken die Erde an.

❸ Sobald neue Blätter erscheinen, ist das Bewurzeln geglückt. Wenn Sie mehrere kleine Pflanzen zusammen in den Topf gesetzt haben, können Sie nach etwa zwei Wochen jeder Pflanze einen eigenen Topf geben.

Kopfstecklinge nimmt man zum Beispiel von Weihnachtssternen und Fuchsien. Man kann von fast allen verzweigten Pflanzen Kopfstecklinge schneiden.

STAMMSTECKLINGE

Stammstecklinge leicht gemacht

1. Nehmen Sie den Stiel der Pflanze und schneiden Sie ihn in fünf Zentimeter lange Stücke. An jedem Stück sollten sich zwei Blattknoten befinden (die Punkte, an denen die Blätter aus dem Stiel wachsen). Entfernen Sie die Blätter vom unteren Knoten.
2. Stecken Sie den unteren Teil des Stiels in die Erde.
3. Behandeln Sie die Stecklinge dann so weiter wie Kopfstecklinge.

Stammstecklinge schneidet man zum Beispiel von Ficus, Dieffenbachia und vom Drachenbaum (Dracaena).

HORMONKUR

Um die Wurzelbildung der Stecklinge anzuregen, kann man sie mit Wurzelhormonen (Stecklingspuder) behandeln, bevor man sie in die Erde steckt. Dann entwickeln sich die Wurzeln schneller. Das Puder kann man im Gartencenter kaufen.

JUNGES GLÜCK 3

BLATTSTECKLINGE

Wie man Blattstecklinge aus ganzen Blättern gewinnt

1. Brechen Sie ein ausgewachsenes Blatt, das noch nicht zu alt ist und einen Stiel von etwa fünf Zentimetern hat, vom Stängel ab. Oder schneiden Sie ein fünf Zentimeter langes Stängelstück, an dem sich ein Blatt befindet, mit einem sauberen und scharfen Messer ab.
2. Stecken Sie den Steckling in ein Loch in der Topferde, das Sie vorher mit einem Bleistift gebohrt haben. Der untere Blattrand des Blattes muss in die feuchte Erde reichen.
3. Behandeln Sie die Blattstecklinge dann genauso wie Kopfstecklinge.

Wie man Blattstecklinge aus Blattstücken gewinnt

1. Schneiden Sie ein Blatt in Vierecke von drei mal drei Zentimetern. Merken Sie sich, welche Seite der Stücke am nächsten an der Wurzel saß.
2. Stecken Sie die Unterseite der Blattvierecke einen Zentimeter tief in die feuchte Erde.
3. Behandeln Sie die Blattstecklinge dann genauso weiter wie Kopfstecklinge.

Blattstecklinge gewinnt man zum Beispiel von Begonien, Sansevieria und Usambaraveilchen (Saintpaulia).

TEILSTÜCKE & ABLEGER

JUNGES GLÜCK 4&5

Wie man eine Pflanze teilt

1. Gießen Sie die Pflanze. Nehmen Sie sie aus dem Topf und entfernen Sie so viel Erde wie möglich vom Topfballen.
2. Entscheiden Sie sich, welchen Teil der Wurzeln Sie vom großen Ballen trennen wollen. Rütteln Sie die Wurzeln mit den Händen los oder schneiden Sie sie mit einem sauberen, scharfen Messer ab.
3. Pflanzen Sie den neuen Wurzelballen mit den sich daran befindenden Pflanzenteilen in frische Erde und gießen Sie alles gut an.

Teilen kann man Streifenfarn (Pteris cretica), Flamingoblume (Anthurium), Papyrusgras (Cyperus) und Gerbera.

Wie man Ableger gewinnt

1. Einige Pflanzen bilden ganz von selbst Ableger. Warten Sie, bis die Jungpflanze mindestens ein Drittel so groß ist wie die Mutterpflanze.
2. Holen Sie die Mutterpflanze aus dem Topf und schneiden Sie den Ableger dort ab, wo er an der Mutterpflanze angewachsen ist.
3. Trennen Sie die Nabelschnur zwischen Mama und Baby und pflanzen Sie den Sprössling in einen eigenen Topf.

Ableger nimmt man zum Beispiel von Bromelia, Schwertfarn (Nephrolepsis), Henne mit Küken (Tolmiea) und vielen Fettpflanzen.

FENG SHUI & IHRE PFLANZE

FRAGE
ANTWORT

Der chinesischen Philosophie nach bestimmen fünf Elemente die Energie eines Raumes. Und diese Energie bestimmt, wie wir uns fühlen und entwickeln. Pflanzen können uns sogar vor dem Bankrott retten, meint Feng Shui-Expertin und Architektin Astrid Wiebenga.

Können Pflanzen die Energie eines Raumes verbessern?

„Das können sie auf jeden Fall. Eine Pflanze ist ein lebendiges Wesen und lebende Energie im Haus ist immer gut, das verleiht uns selbst viel Energie."

Fühlt man das auch?

„Auch Menschen, die sich nicht mit Feng Shui beschäftigen, spüren ganz genau, ob ein Raum eine gute Ausstrahlung hat oder nicht. In einem Büro weiß jeder sofort, wo der beste Platz zum Sitzen ist und in welcher dunklen Ecke keiner klarkommt. Ein Keller und andere dunkle, düstere Räume ohne Tageslicht und ohne Pflanzen sind tote Räume. Wenn man darin arbeiten muss, fühlt man sich selbst ein bisschen tot, man kränkelt oder ist deprimiert. Man nimmt die Energie des Raumes auf.

Und eine Pflanze hineinzustellen hilft dann schon?

„Sich eine Pflanze anzusehen, kann fröhlich machen, sie verleiht Energie. So wie die Sonne, die plötzlich in einen Raum scheint, das versetzt einen gleich in eine super Stimmung."

Feng Shui geht von fünf Elementen aus. Welche Energie haben Pflanzen?

„Pflanzen haben Holzenergie. Die anderen vier Elemente sind Feuer, Erde, Metall und Wasser. Alle beeinflussen einander. Sie fungieren als eine Art Heilmittel und für jedes Problem muss die Zusammensetzung und das Verhältnis zueinander angepasst werden.

Wofür steht die Holzenergie?

„Holz hat eine aufwärts gerichtete, lebendige Wachstumsenergie. Ein Unternehmen muss wachsen? Dann sollte man Pflanzen in den Betrieb bringen. Allerdings auch nicht zu viele, es muss eine Balance gehalten werden. Die Chinesen glauben, dass sich Holzenergie auf die Leber auswirkt. Ein chinesischer Arzt wird bei Leberproblemen immer untersuchen, ob die Holzenergie im Leben des Patienten im Gleichgewicht ist."

Ist es wichtig welche Pflanze man auswählt?

„Chinesen mögen Pflanzen mit spitzen Blättern nicht besonders. So wie Sansevierien, die wie Schwerter aussehen, das finden sie zu aggressiv. Sie mögen eher runde Blätter.

Man kann im Haus auch symbolisch mit Holzenergie arbeiten. Zum Beispiel mit einem Gemälde von einer Pflanze, einer Toilettenbrille aus Holz, einer Blumentapete. Ob Leinen- oder Baumwollgardine, diese Stoffe tragen auch sehr viel Holzenergie in sich, genau wie die Farbe Grün."

Wie weiß man, wo man die Pflanze aufstellen sollte?

„Das sind komplizierte Berechnungen und sie sind nicht einfach auszulegen. Es ist wichtig, dass die Energien im Gleichgewicht sind. Ein ganz weißer Raum mit Möbeln nur aus Metall ist es nicht. Doch auch ein grüner Raum voller Pflanzen ist nicht das Richtige, denn dann haben andere Energien keine Chance."

Wenn Sie wachsen wollen, für Nachwuchs sorgen, mehr Mitarbeiter einstellen, helfen Pflanzen dann auch?

„Holzenergie kann so etwas positiv beeinflussen. Wir haben einmal bei einem Unternehmen, das beinahe pleite war, untersucht, wie wir die Einrichtung verändern können. Wir haben unter anderem Pflanzen aufgestellt. Ein paar Monate später lief die Firma wieder besser."

Wow!

„Chinesen achten immer darauf, dass genug Holzenergie vorhanden ist. Man muss sich nur ein chinesisches Restaurant ansehen: Da steht immer ein Bambus, als Symbol für schnelles Wachstum. Und irgendwo am Eingang findet man meist auch irgendetwas mit Wasser. Das symbolisiert Geld, das hereinströmt."

8 ARTEN SEINE PFLANZE ZU VERWÖHNEN

Staub und anderer Schmutz auf den Blättern machen Pflanzen nicht gerade glücklich. Sie sollten Ihrer geliebten Pflanze also rechtzeitig ein bisschen Pflege gönnen.

1. Die beste Art und Weise Staub zu entfernen, ist ein Regenguss. Also stellt man an einem warmen, regnerischen Tag die Pflanze schnell nach draußen und lässt sie schön sauber regnen. Wenn Sie keinen Garten oder keine Dachterrasse haben oder es ist Winter, tut es auch eine lauwarme leichte Dusche.

2. Entstauben Sie Ihre Pflanze regelmäßig mit einem Staubwedel. Oder wischen Sie die Blätter vorsichtig mit einem feuchten Schwamm oder Lappen ab. Vorsicht, die Blätter sind empfindlich.

3. Liegt auf den Pflanzen eine Fettschicht, sprühen Sie lauwarmes Seifenwasser über die Pflanze, sorgen Sie aber dafür, dass die Lauge nicht in den Boden gelangt, das mögen die Wurzeln nicht. Sie können den Topf zum Beispiel mit einem Tuch abdecken. Wischen Sie dann die Blätter mit einem Lappen ab.

4. Gehen Sie doch mal mit Ihrer Pflanze baden. Eine Pflanze kann ab und zu ein Bad gut vertragen. Eine Orchidee zum Beispiel mag es, wenn sie einmal in der Woche untertaucht, sodass ihre Wurzeln sich mit Wasser vollsaugen können. Und wenn Sie sie ins Bad stellen, können Sie sich auch gleich daneben setzen. Richtig romantisch.

5. Auch eine Pflanze hat hin und wieder eine Beauty-Behandlung verdient. Es tut der Pflanze gut, wenn abgestorbene Teile regelmäßig entfernt werden. Das sollte man das ganze Jahr über tun. Nicht nur weil es besser aussieht, sondern auch, weil sich Pilze und andere unangenehme Gäste auf verdorrten Blättern zuerst ansiedeln. Vom braunen Pflanzengewebe springen sie dann auch auf die gesunden grünen Teile über.

6. Flüstern Sie Ihrer Pflanze auch mal ein paar nette Worte ins Laub. Eine Pflanze mag es, wenn man mit ihr redet. Ob sie auch etwas versteht? Wer weiß. Wie Sie professionell mit ihr sprechen können, dazu können Sie verschiedene Kurse googeln, zum Beispiel „Kommunizieren mit der Natur". Wenn es auch nichts nützt, es schadet nicht....

7. Lassen Sie entspannende Musik für Ihre Pflanze laufen (siehe auch Seite 80).

8. Topfen Sie Ihre Pflanze rechtzeitig in einen neuen Topf und frische Erde um (wann genau, siehe Seite 89).

Staub und Abgase, die hereinwehen, fetthaltiger Dunst aus der Küche: Auf den saftig grünen Blättern kann sich Schmutz herrlich ansammeln. Zum Missfallen Ihrer Pflanze, denn durch diese Schicht kann das Sonnenlicht die Chloroplasten schlechter erreichen und die Fotosynthese wird eingeschränkt. Die Pflanze bekommt so weniger Nahrung. Außerdem bedeckt der Schmutz die Spaltöffnungen, wodurch die Pflanze schlechter Luft einatmen und weniger Sauerstoff und Wasser abgeben kann. Weg also mit Staub und Fett. In den meisten Fällen reicht es, die Pflanze zwei bis dreimal im Jahr zu säubern. Steht Ihre Pflanze neben dem Herd auf dem jeden Tag Schnitzel brutzeln, sollten Sie sie etwas davon wegrücken.

PFLANZE & WISSENSCHAFT

SWING AUF DER FENSTERBANK

Pflanzen lieben die Musik. Und bei harmonischer Musik gedeihen sie besser als bei Rockmusik. Oder mögen sie vielleicht einfach die Schwingungen der Luft, die die Musik verursacht?

VERHÄNGNISVOLLE ROCKMUSIK

Pflanzen werden durch Musik beeinflusst, sie mögen es harmonisch und leiden unter Rockmusik. Das war die sensationelle Entdeckung von Dorothy Retallacks. 1973 veröffentlichte sie ihr Buch „The Sound of Music and Plants".

Pflanzen sollten sich im Radio einen Sender anhören, der ruhige Middle-of-the-Road-Musik spielt. Die Versuchskaninchen drehten sich vor Freude sogar zu den Boxen. Rockmusik allerdings scheint eine verhängnisvolle Wirkung auf Pflanzen zu haben. Innerhalb von zwei Wochen hingen die Blätter klein und vertrocknet an der Pflanze und versuchten sich vom Radio abzuwenden. Fast alle Pflanzen starben diesen gruseligen Tod. Während die Rockmusik weiter plärrte.

SINFONIE FÜR TRAUBEN

Der italienische Weinbauer Giancarlo Cignozzi lässt seine Weinreben Tag und Nacht Mozart hören. Er ist davon überzeugt, dass die Pflanzen sich dann besser fühlen. Und er könne seine Trauben zwei Wochen früher ernten als seine Kollegen, so Cignozzi. Die anderen Weinbauern belächeln Cignozzis Praktiken, aber eine amerikanische Firma sponserte eine Beschallungsanlage mit 48 Boxen. Und die Universität von Florenz führte eine vergleichende Untersuchung über das Wohlbefinden der Trauben von Cignozzi im Vergleich zu denen auf den Weinbergen der Umgebung durch.

GEFÜHLVOLLE MELODIEN

Professor Stefano Mancuso von der Universität Florenz erläutert, warum Pflanzen Musik lieben. „Schallwellen sind Vibrationen, die die Pflanzen wahrnehmen können. Sie mögen vor allem Wellen mit niedrigen Frequenzen unter 1000 Hertz." Ihm zufolge haben Pflanzen auf der Oberfläche ihrer Zellen ionische Kanäle. „Ein wenig wie Poren. Schallwellen sorgen dafür, dass das Öffnen und Schließen der Poren stärker variiert. Sie reagieren auf die Vibration", so Mancuso zur niederländischen Zeitung Trouw.

PFLANZE & WISSENSCHAFT

STEVIE WONDERS MYSTERIÖSE PFLANZEN-LP

Stevie Wonder brachte 1979 ein Doppelalbum heraus, für und über Pflanzen: „Journey through the secret Life of Plants“. Das Album war der Soundtrack zum Dokumentarfilm „Das geheime Leben der Pflanzen“, der wiederum auf dem gleichnamigen umstrittenen Buch basiert (siehe Seite 96), das seinerzeit die Tür zum Innenleben der Pflanzen öffnete. Das Album ist fast vollständig instrumental und die Stücke haben Titel wie „Voyage to India“, „The first Garden“ und „Earth's Creation“. Wer die mintgrüne Albumhülle öffnete, roch ein Blumenparfum. Das Buch können Sie noch immer im Online-Buchhandel kaufen.

Pflanzen à gogo

Pflanzen sind für ein bisschen gute Musik nicht auf Menschen angewiesen. Sie können ihre Wahl auch selbst treffen. Nun ja, mit Hilfe der englischen Biologin Linda Long. Sie übersetzte das Innenleben der Pflanzen in Musik, indem sie die Strukturen der Eiweißmoleküle in Notensequenzen übersetzte. Diese bilden die Grundlage ihrer Musikstücke. Die CD „Music of the Plants“ schenkt 25 Minuten Klangenuss, für 12,50 €, zu bestellen über **www.molecularmusic.com**

PFLANZEN PLAYLIST

TOP 5 RELAX-TRACKS

Stevie Wonder – 'Send one your love'
Enya – 'Orinoco Flow'
Brian Eno – 'Music for Airports'
Mozart – Klavierkonzert (alle)
Simon & Garfunkel – 'El Condor pasa'

TOP 5 KUSCHELPOP

Sade – 'Smooth Operator'
Chis Isaak – 'Wicked Game'
Marvin Gaye – 'Let's get it on'
The XX – 'Islands'
John Legend – 'Ordinary People'

Unterdessen am Arbeitsplatz

Was Ihre Pflanze für Sie tut:
SIE MACHT PRODUKTIV

Schlecht geschlafen und Schwierigkeiten sich zu konzentrieren? Viel zu gestresst und angespannt, um brillante Ideen zu entwickeln? Eine Pflanze im Büro wirkt Wunder. Wissenschaftlich getestet!

MEHR PLATZ IM KOPF

Auf Menschen, die in einer Fertigung zum Beispiel am Fließband arbeiten, haben Pflanzen einen viel geringeren Effekt als auf Personen, die kreativ arbeiten. Sie sind so konzentriert und mit dem beschäftigt, was sie tun, dass Sie keinen Blick für ihre Umgebung haben und so auch nicht von ihr beeinflusst werden. Für Menschen, die im Dienstleistungs- oder Kreativsektor arbeiten, hat das Grün jedoch einen Nutzen. Mit Pflanzen in ihrer Umgebung kommen Sie auf kreativere Ideen und bessere Lösungen. Forscher glauben, dass die Ursache in der heilenden und entspannenden Wirkung der Pflanzen liegt. Wenn man sich ruhig, gesund und wohlfühlt, ist im Kopf mehr Platz für kreative Ideen.

KREATIV MIT PFLANZEN

In den Niederlanden führte das unabhängige niederländische Forschungsinstitut TNO 2007 eine Untersuchung zur Wirkung von Pflanzen auf die Produktivität durch. 48 Studenten nahmen teil. Sie gaben an, wie sie sich fühlten, wie müde oder gestresst sie waren. Sie mussten eine langweilige Aufgabe ausführen, bei der etwas produziert wurde, und eine kreative Aufgabe, bei der sie sich möglichst viele Assoziationen zu einem Wort ausdenken sollten. Die Studenten führten diese Aufgaben in drei Räumen aus: in einem Zimmer ohne Pflanzen, in einem mit einer großen Pflanze und in einem mit einer Reihe blühender Pflanzen.

KAHLE RÄUME

Frühere Studien bestätigten sich: Die Testpersonen führten die produktive Aufgabe, bei der bestimmte Dinge in einem Text umkreist werden mussten, in den Räumen mit einer oder mehreren Pflanzen nicht besser aus als in dem kahlen Raum. Doch die kreative Aufgabe wurde in dem Raum mit einer Pflanze von den Testteilnehmern deutlich besser gelöst als in dem kahlen Raum. Viele Pflanzen machten sie allerdings nicht noch kreativer. Eine Pflanze reicht also aus, um eine positive Wirkung zu erreichen, schlossen die Wissenschaftler daraus. Der Effekt der Pflanze war bei den Studenten am größten, die angegeben hatten völlig überarbeitet zu sein.

Und was die Pflanze im Büro kann, kann sie zu Hause natürlich auch.

GEMEINSAM GENIESSEN

Nach so vielen Jahren gemeinsamer Abenteuer kennen Sie sich durch und durch.
Sie genießen das Schöne, die schwierigen Seiten haben Sie akzeptiert. Dennoch kann es passieren, dass Sie plötzlich das Fernweh packt. Vergessen Sie also nicht sich umeinander zu bemühen und das magische Feuer hin und wieder neu zu entfachen. Auch eine Pflanze gedeiht besser mit ein wenig Aufmerksamkeit. Und vielleicht zeigt sie Ihnen dann ihre geheimen Kräfte.

EIN NEUES ZUHAUSE FÜR IHRE PFLANZE

Auch Pflanzen brauchen ab und zu frische Laken und ein Bett aus neuer Erde. Die alte Topferde ist ausgelaugt oder Ihre Pflanze ist einfach zu groß geworden. Es ist an der Zeit ihr neue Erde und einen größeren Topf zu geben.

Fast alle Pflanzen brauchen nach ein oder zwei Jahren frische Topferde. Die Erde verliert auf Dauer nämlich an Kraft: Die Nährstoffe sind aufgebraucht und allerlei – möglicherweise auch schädliche – Reststoffe bleiben zurück. Man sieht es der Erde an, wenn sie „verbraucht" ist und zwar an ihrer hellen Färbung oder gar einem weißen Belag an der Oberfläche. Oder die Erde nimmt fast keine Feuchtigkeit mehr auf und lässt das Wasser einfach durchlaufen. Alles Anzeichen dafür, dass eine Auffrischung dringend nötig ist!

UMTOPFEN

Der Zeitpunkt für das Umtopfen in einen größeren Topf ist – ganz klar – wenn die Pflanze aus ihrem Zuhause herausgewachsen ist. Eine größer werdende Pflanze kann irgendwann ihre Wurzeln im Topf nicht mehr unterbringen. Und wenn diese nicht mehr wachsen können, kann es die Pflanze auch nicht. Manchmal sieht man Wurzeln oben aus der Erde hinauswachsen. Oder Sie entdecken beim Herausnehmen der Pflanze, dass es die Wurzeln im Topf ziemlich eng haben. Wenn dicke Wurzeltriebe kreisförmig an der Innenseite des Topfes sitzen, wird es höchste Zeit für eine größere Pflanzen-Wohnung. Ein Topf, ein oder zwei Größen mehr als der alte, reicht schon aus.

WIE MAN UMTOPFT

❶ Gießen Sie die Pflanze vor dem Umtopfen an. Feuchte Erde lässt sich besser wechseln.

❷ Halten Sie die Pflanze zwischen Zeige- und Mittelfinger und legen Sie den Rest der Hand um den Topf.

❸ Drehen Sie den Topf um und ziehen Sie mit der anderen Hand den Topf vom Topfballen. Sind alle Wurzeln gesund? Faule Wurzeln sollten Sie abschneiden.

❹ Stochern Sie mit den Fingern ein bisschen zwischen den Wurzeln, um möglichst viel alte Erde zu entfernen.

KLEIN ABER FEIN

Wenn Sie nicht möchten, dass Ihre Pflanze größer wird, können Sie beim Umtopfen einen Teil – maximal ein Drittel – der Wurzeln abschneiden. Setzen Sie die Pflanze dann mit frischer Erde zurück in ihren alten Topf.

5 Füllen Sie eine Lage frischer Erde in den (eventuell) neuen Topf.

ACHTUNG: Topfen Sie Ihre Pflanze kurz vor Frühlingsbeginn um, bevor Sie ihren jährlichen Wachstumsschub hat. So kann die Pflanze ihre Wurzeln während des Wachsens in der frischen Erde herrlich ausstrecken.

6 Setzen Sie die Pflanze in die Mitte des Topfes und füllen Sie die Ränder mit frischer Erde auf. Alles gut andrücken. Jetzt noch eine Lage Erde als Abschluss auf die Oberfläche, damit alle Wurzeln gut bedeckt sind.

7 Geben Sie Ihrem Liebling einen Kuss.

8 Wenn alles wieder an seinem Platz ist, unbedingt gut angießen – und fertig.

UNTERIRDISCHES DURCHEINANDER

FRAGE
ANTWORT

Pflanzen fühlen, ob sie neben Artgenossen oder mit anderen Pflanzen zusammenstehen. Je mehr verschiedene Pflanzenarten beisammen sind, desto besser wachsen sie, meint die Pflanzenökologin Liesje Mommer. Sie ist Wissenschaftlerin an den Universitäten Nijmegen und Wageningen. „Hier kann man sehen, dass multikulturelles Zusammenleben gut funktioniert!"

Wie kann es sein, dass Pflanzenarten besser wachsen, wenn sie nicht unter sich bleiben?

„Verschiedene Pflanzen haben auch verschiedene Arten von Wurzeln. Einige Arten können den Boden besser durchwurzeln und so mehr Nährstoffe aufnehmen. Und zweitens: Wenn Pflanzen in einer Monokultur zusammen sind, also alle von der gleichen Art, scheinen mehr Krankheitserreger aufzutreten. Vor allem Schimmelpilze."

Es klingt so, als täte Inzucht den Pflanzen nicht gut?

„Haha, nun ja, Inzucht hat mit der Fortpflanzung zu tun und darum geht es hier nicht. Aber eines möchte ich deutlich sagen: Hier kann man sehen, dass multikulturelles Zusammenleben funktioniert! Und es kommt nicht von ungefähr, dass in der intensiven westlichen Landwirtschaft, wo Kulturen gleicher Pflanzen auf vielen Hektar stehen, so viel gegen Krankheiten gespritzt werden muss."

Üben Pflanzen noch auf andere Weise Einfluss aufeinander aus?

„Sie passen ihre Wurzeln aneinander an. Wenn eine Pflanze wahrnimmt, dass eine andere Pflanze in ihrer Nähe der oberen Erdschicht sehr erfolgreich die Nährstoffe entzieht, dann lässt sie ihre Wurzeln tiefer in die Erde wachsen, als sie es normalerweise tun würde."

Klingt intelligent.

„Sicher. Ich glaube jedoch nicht, dass Pflanzen über Intelligenz in unserem Sinne verfügen. Pflanzen reagieren auf äußere Bedingen: auf Licht, Wasser, Nährstoffe, Insektenfraß, Krankheiten. Die Reaktionen auf Licht sind am besten untersucht. Wenn man Töpfe sehr dicht nebeneinander aufstellt, merken die Pflanzen dies, weil sich die Farbe des Lichtes verändert."

Und was tun sie dann?

„Sie reagieren darauf, indem sie stärker wachsen. Man sagt, es zieht sie zum Licht. Zwischen vielen Pflanzen gibt es regelmäßig Streit um das Licht. Es gibt natürlich auch Pflanzen, die wissen, dass sie nie im vollen Licht stehen können, wie kleine Pflanzen im Urwald. Ihre Strategie ist es, sehr große Blätter zu entwickeln, so dass sie auch das geringste bisschen Licht in ihrer Nähe auffangen können."

Noch kurz zu der höheren Krankheitsanfälligkeit bei einer Monokultur. Sind Pflanzen, die allein in einem Topf stehen, besonders gefährdet?

„Nun, als Einzelner ist man eine sehr sehr kleine Monokultur. Ich glaube nicht, dass Zimmerpflanzen damit ein Problem haben."

DIE NEUE FRISUR

Genau wie Menschen sind Pflanzen verrückt nach ein wenig Extra-Pflege. Eine neue Frisur oder eine Schönheitsbehandlung – einfach herrlich. Durch einen liebevollen Schnitt bleibt Ihre Pflanze gut in Form.

Sie können bei Ihrer geliebten Pflanze ruhig einmal das Messer oder die Schere ansetzen, es ist gar nichts dabei. In der Natur knabbert auch mal ein Tier an den Blättern oder der Wind bricht etwas ab. Ab und zu ein Schnitt ist gesund. Er hält die Pflanze in Form und sorgt dafür, dass sie schön dicht wächst. Ohne Schnitt wachsen die Triebe manchmal im Eiltempo nach allen Seiten und man hat nicht mehr als lange Sprosse, mit ab und zu einem Blatt daran.

ENTSPITZEN

Damit eine Pflanze schön dicht wächst, kann man sie ab und zu entspitzen. Bei jungen Pflanzen funktioniert das am besten. Die Spitze ist die kleine empfindliche Stelle am Ende eines Stängels oder Zweigs. Oft nicht mehr als einen halben Zentimeter ragt dieser Teil der Pflanze in die Luft, manchmal eingebettet in ein paar Blätter. Diese Spitze müssen Sie entfernen. Entfernen Sie vorsichtig mit Daumen und Zeigefinger die Spitzen von Zweigen oder Trieben. Sie werden sehen, dass bald mehrere neue Austriebe erscheinen. Alle wieder mit einer eigenen Spitze.

FRÜHLING

Wann ist der richtige Zeitpunkt für einen Schnitt? Am besten, bevor für die Pflanze ihre jährliche Wachstumsperiode beginnt, also meist im Frühling. Schneiden Sie die Stiele oder Zweige genau oberhalb eines Blattknotens ab, dort wo die Blätter austreiben. Aus diesen Punkten entwickelt sich dann bald neues frisches Leben. .

DRASTISCHES STUTZEN

Wenn eine Pflanze nicht mehr gut aussieht, kann man auch zu drastischeren Mitteln greifen.

- Holzige Pflanzen sollten maximal um ein Drittel zurückgeschnitten werden. Schneiden Sie immer oberhalb eines Blattknotens, um das Wachstum zu stimulieren.
- Pflanzen mit grünen oder nur leicht verholzten Stielen kann man ganz zurückschneiden, bis auf einen Rest von etwa fünf Zentimetern Länge.

Innerhalb weniger Monate ist Ihre Pflanze frisch, lebenslustig und Sie können Ihren Liebling durch Entspitzen und normales Zurückschneiden nach Ihren Vorstellungen formen.

SO WIRD GESCHNITTEN

PFLANZE & WISSEN-SCHAFT

DIE GEHEIMEN KRÄFTE IHRER PFLANZE

In exotischen Kulturen ist es ganz normal einer Pflanze besondere Kräfte wie Gefühl und Bewusstsein zuzuschreiben. Hier im aufgeklärten Westen finden wir das seltsam. Dennoch gibt es Wissenschaftler, die nach dem Bewusstsein der Pflanzen forschen.

Buch: Das geheime Leben der Pflanzen

Pflanzen sind viel klüger und empfindsamer, als wir Menschen glauben. Das war die Botschaft des Buches „Das geheime Leben der Pflanzen", über das 1973 die ganze Welt diskutierte. Die amerikanischen Autoren Peter Tompkins und Christopher Bird behaupteten, dass Pflanzen eine Art telepathischen Kontakt zu ihrem Versorger aufnehmen, dass sie Verbrecher entlarven und fühlen können, wenn jemand mit ihnen etwas vorhat. Das populärwissenschaftliche Buch war sofort ein Bestseller, löste aber Kontroversen aus. Die wissenschaftlichen Zweifel anderer Forscher interessierten die Millionen Leser nicht. Denn es ist doch eine spannende Idee, dass Ihre Orchidee trotz tausender Kilometer Abstand fühlt, wenn Sie an sie denken, wie das Buch unter anderem behauptet.

Die Ängste der Pflanze

Der Anlass des Buches und weiterer Untersuchungen zu Gefühl und Intelligenz der Pflanzen war ein Experiment des Wissenschaftlers Cleve Backster. Er schloss einen Lügendetektor an das Blatt eines Drachenbaums (Dracaena) an. Keine Reaktion. Dann beschloss er das Blatt in Brand zu setzen, um zu sehen, was passiert. Schon der Gedanke versetzte die Schreibvorrichtung, die die Reaktion der Pflanze aufzeichnen sollte, in heftige Bewegung. Die Pflanze reagierte also auf das, was Backster plante. Backster wiederholte das Experiment mit verschiedenen Pflanzen, mit demselben Ergebnis: Jedes Mal zeigte die Pflanze eine starke Reaktion.

Gedächtnis

Später wollte Backster untersuchen, ob eine Pflanze auch ein Gedächtnis hat. Dazu stellte er sich zwei Pflanzen ins Labor. Eine davon ließ er von einem seiner Studenten zerstören. Einen Tag später schloss er Elektroden an die Pflanze an, die überlebt hatte. Dann ließ er einen Studenten nach dem anderen in sein Labor kommen. Bei dem „Mörder" der anderen Pflanze schlugen die Messfühler der Apparatur heftig aus. So konnte Backster den Täter identifizieren.

Pflanzen im Film

Ende der 70er-Jahre wurde ein Dokumentarfilm über „Das geheime Leben der Pflanzen" veröffentlicht, der auf dem Buch basierte. Der Soundtrack kam von Stevie Wonder. Der Film zeigte im Zeitraffer das Wachstum von Pflanzen. Dort sahen die Triebe von Kletterpflanzen aus wie tastende Hände und junge Sprosse wirkten wie Babys, die gerade lernten ihre Köpfe hoch zu halten.

DARWIN UND DIE PFLANZEN

Charles Darwin sah Übereinstimmungen zwischen Tieren und Pflanzen. 1880, Jahre nach dem Erscheinen seines Buches über „Die Entstehung der Arten", schrieb er gemeinsam mit seinem Sohn Francis das Buch „Das Bewegungsvermögen der Pflanzen". Charles Darwin beschrieb darin, dass Pflanzen, genau wie Tiere, empfindlich auf ihre Umgebung reagieren können. Seine Theorien über Pflanzen stießen allerdings auf wenig Interesse.

DIE WEISHEIT DER INDIANER

Indianer im Amazonasgebiet glauben, dass in der Natur alles miteinander verbunden ist. Pflanzen, Tiere, Steine und Menschen besitzen ihrer Meinung nach alle die gleiche Lebensenergie und Intelligenz. Dank jahrelangem Training und dem Halluzinationen hervorrufenden Trank Ayahuasca, hergestellt aus Pflanzen, können Schamanen in bestimmten Ritualen mit der Natur sprechen. So lernen sie den Geist der Pflanzen und deren heilkräftige Wirkung kennen.

PFLANZENFLÜSTERER

Pflanzen verfügen über die Energie Menschen zu heilen, meint Pflanzenflüsterer Jan Mouws aus Brabant. Zumindest die Pflanzen, die dieser Pflanzenflüsterer intuitiv auswählt. Der Betrieb von Mouws kultiviert und pfropft Pflanzen und verwendet dabei speziellen Kompost aus Urwäldern. Ein Teil der Pflanzen aus der Gärtnerei wird in Gartencenter geliefert, einen anderen Teil selektiert er aufgrund ihrer besonderen Kräfte. „Wenn ich eine Pflanze intuitiv auswähle, wird dadurch Energie freigesetzt, so dass die Intuition von Mensch und Pflanze zusammenwirken. Und diese Energie sorgt für die heilende Wirkung der Pflanze."

Unterdessen am Arbeitsplatz

Was Ihre Pflanze für Sie tut:
SIE SORGT FÜR RUHE

Unentwegt rüttelnde Drucker, brummende Computer, klingelnde Telefone, geschwätzige Kollegen: das tägliche Büro-Konzert schräger Töne. Mit den richtigen Pflanzen an den richtigen Stellen können Sie sich trotzdem konzentrieren.

Pflanzen helfen die Lärmbelastung zu mindern. Lärm pflanzt sich durch Schwingungen in der Luft fort, über Geräuschwellen. Bei sehr vielen kleinen Schwingungen hört man einen hohen Ton, bei großen Wellen einen tiefen. Mit ihren Blättern fangen Pflanzen diese Geräuschwellen ein, fächern sie auf oder werfen sie zurück. In England gibt es umfangreiche Untersuchungen zu der Wirkung, die Pflanzen auf Lärm am Arbeitsplatz ausüben. Einige Pflanzen konnten die Lautstärke um gut fünf Dezibel senken.

EINEN TON TIEFER

Die größte Wirkung haben Pflanzen in Räumen mit vielen großen, harten Oberflächen, also Böden aus Beton, Mauern aus Stein, Wänden aus Glas. Auch der Standort der Pflanzen

DIE BESTEN SCHALLSCHLUCKER:

- Birkenfeige (Ficus benjamina)
- Drachenbaum (Dracaena)
- Einblatt (Spathiphyllum)
- Schefflera arboricola
- Philodendron scandens

spielt eine Rolle. In einer Ecke nehmen sie den meisten Lärm auf, da die Pflanze dort die meisten Geräuschwellen verarbeiten kann: nicht nur die Geräusche, die direkt von einer Lärmquelle ausgehen (zum Beispiel vom Witze erzählenden Kollegen), sondern auch von den Wänden, von denen die Geräuschwellen in Richtung Pflanze abprallen. Pflanzengruppen dämpfen den Lärm stärker als einzelne. Jede Pflanze hat eine eigene Tonhöhe, die sie am besten absorbiert. Meistens sind es die höheren Tonarten. Glücklicherweise sind die hohen Töne genau die, die als besonders störend wahrgenommen werden.

Und was die Pflanze im Büro kann, kann sie zu Hause natürlich auch.

ZUSAMMEN ALT WERDEN

Die Jahre verstreichen. Pilze, Bakterien und andere Unannehmlichkeiten liegen auf der Lauer, um die Schwäche, die das Alter mit sich bringt, auszunutzen. Doch nach so vielen Jahren kann Sie nichts mehr trennen oder Ihnen Angst einjagen. Seite an Seite kämpfen Sie sich durch, wenn auch alles nicht mehr so reibungslos läuft wie früher — alte Liebe rostet eben nicht. Und wenn einmal wirklich alles vorbei ist, gibt es noch ein Buch voller Erinnerungen.

GEMEINSAM WEITER

Das Ende muss nicht wirklich ein Ende bedeuten. Wer will, kann nach seinem Tod weiter leben – in einem Baum oder Strauch wie Kastanie, Linde oder Rotbuche. Der niederländische Betrieb „Remember in Green" kultiviert Pflanzen, die mit menschlicher Asche gedüngt werden. So kann man die Liebsten noch viele Jahre begleiten. www.rememberingreen.nl

KRANKMACHER

Pilze, Bakterien, Insekten. Sie scheinen schwaches Grün zu riechen. Einmal eingenistet springen sie mühelos von Pflanze zu Pflanze. Es gilt also, diese Vielfraße in Schach zu halten und gleich zu handeln, wenn man die ersten entdeckt hat. Ein Tipp vorneweg: Entfernen Sie regelmäßig vertrocknete und absterbende Blätter.

EMPFINDLICHE SENIOREN

Genau wie bei Menschen treffen Krankheiten bei Pflanzen zuerst die Schwächsten. Ungesunde Pflanzen oder absterbende Blätter sind am empfindlichsten. Wenn Sie dafür sorgen, dass Ihre Pflanze fit ist, genug Wasser und Licht bekommt, nicht zu viel Dünger und ausreichend Luftfeuchtigkeit, ist es wahrscheinlich, dass keine Krankheit sie befällt. Wenn Krankheiten oder Schädlinge ihre Anker erst einmal ausgeworfen haben, leidet auch der gesunde Teil der Pflanze. Darum unbedingt regelmäßig trockene und absterbende Blätter abpflücken.

AUF DER HUT

Krankheiten werden nicht aus dem Nichts auf die Pflanze gebeamt wie beim Raumschiff Enterprise. Sie wehen mit dem Wind durch das Fenster, sie sitzen auf der Rosenschere, kleben an Ihren Händen, wenn Sie draußen die Hecke schneiden, lassen sich auf Ihrem T-Shirt mitnehmen, um direkt bei Ihrer Pflanze die Flügel auszubreiten. Sauberes Arbeiten lässt Ihre Pflanze gesünder leben. Auch neue Pflanzen sind mögliche Träger drohenden Unheils. Untersuchen Sie neue Pflanzen immer auf Krankheitssymptome, bevor sie einen Platz neben Ihren anderen Pflanzen bekommen. Ist die neue Pflanze krank, behandeln Sie sie getrennt von den anderen. Erst wenn es ihr wieder gut geht, darf sie bei den anderen stehen.

ALLES ODER NICHTS

Wenn Sie eine Krankheit aufgespürt haben, muss der Patient sofort in die Quarantäne. So können Sie verhindern, dass andere Pflanzen angesteckt werden. Bevor Sie mit chemischen Mitteln hantieren, wägen Sie gut ab: Ist der Patient wirklich noch zu retten?
Für die Umwelt ist es besser, die kranke Pflanze wegzuwerfen und eine neue zu kaufen. Wenn Sie aber beschließen Ihre Pflanze zu retten, pflücken Sie zunächst die Blätter, die am stärksten befallen sind ab, bevor Sie den Patienten weiter behandeln. Im Handel sind außerdem auch biologische Pflanzenschutzmittel erhältlich.

SAG MAL AAAH...

Wenn Ihre Pflanze fahl, schlapp, angegriffen und ungesund aussieht, kann das ein Zeichen für eine Krankheit sein. Wenn eine Pflanze krank ist, wächst sie auch schlecht. Um dahinterzukommen was mit ihr los ist, müssen Sie die Pflanze von nahem betrachten. Kleine Tierchen oder Pilze können Sie am besten entdecken, wenn Sie mit der Nase ganz nah herangehen. Es kann aber auch sein, dass die Pflanze an den Wurzeln erkrankt ist. Wenn Sie vermuten, dass Ihrer Pflanze etwas in den Gliedern steckt und Sie können im Laub nichts finden, sehen Sie sich die Wurzeln an. Hat sich ein Virus eingenistet, ist das nur am Leiden der Pflanze zu erkennen, häufig jedoch nicht an speziellen äußerlichen Krankheitssymptomen.

EIN ZWEITES LEBEN

Einer verendeten Pflanze kann man auch durch eine neue Pflanze ein zweites Leben geben. Legen Sie Ihren Liebling auf den Kompost, damit Bakterien, Würmer und Asseln ihre Arbeit tun können. Ein Jahr später können Sie den Humus, der entstanden ist, dazu nutzen, ein junges Pflänzchen großzuziehen.

KRÄNKELNDER LIEBLING

FRAGE ANTWORT

Schlapp, ein kleiner Husten, ein blasses Gesicht. Manchmal weiß man nicht, ob man sich einfach nicht gut fühlt oder ob sich etwas Ernsthaftes ankündigt. So etwas bei jemand anderem zu diagnostizieren, ist noch schwieriger. Pflanzenexperte Lucas Jansen von der Floweracademy weiß, was man bei einem Patienten mit unklaren Beschwerden tun muss.

Auch Pflanzen sind mal schlechter Stimmung. Was kann man dagegen tun?

„Wenn ein Pflanze nicht gut in Form ist, kann das viele Ursachen haben: Licht, Temperatur, Luftfeuchtigkeit, Wasser. Um dahinterzukommen was ihr fehlt, muss man sich die Pflanze gut ansehen."

Sagen wir mal. Der Patient leidet an schlappenden Blättern...

„Das hat meist etwas mit Wasser zu tun. Die Pflanze bekommt zu wenig oder zu viel Wasser. Wenn man es zu gut meint, ertrinkt die Pflanze. Wurzeln sterben ab, die Pflanze kann weniger Wasser aufnehmen und zeigt die gleichen Symptome wie eine Pflanze, die vertrocknet. Die meisten Menschen gießen zu viel. Wir wollen unsere Pflanzen verwöhnen, aber wenn wir nicht aufpassen, ersäufen wir sie.
Eigentlich ist es genau wie in einer Beziehung: Zu wenig Aufmerksamkeit ist nicht gut, aber zu viel kann erdrückend sein."

Und was bedeuten gelbe Ränder?

„Das ist ein häufig auftretendes Problem. Im Übrigen sind es meist braune Ränder. Sie treten vor allem im Winter auf und die Ursache ist zu trockene Luft. Im Winter ist die Temperatur im Haus meistens angenehm, doch durch das Heizen ist die Luftfeuchtigkeit recht niedrig. Die Pflanze verdunstet dann viel Wasser und stößt die Blätter ab. Weniger Blätter bedeuten nämlich auch geringeren Wasserverlust. Das Abstoßen beginnt an den Blattenden, den Spitzen und Rändern."

Also gleich ab in die Sauna?

„Versuchen Sie die Luftfeuchtigkeit mit einem Luftbefeuchter zu erhöhen oder ganz altmodisch mit einer Schale Wasser auf der Heizung. Die ‚umgedrehter Teller-Methode' funktioniert auch gut. Dabei legt man einen kleinen Teller umgedreht unten in den Topf, in etwas Wasser. Das Wasser verdunstet langsam und schafft ein feuchteres Mikro-Klima für die Pflanze."

Braune Flecken auf den Blättern sieht man auch oft...

„Das kann alles Mögliche sein. Krankheiten, Schimmelpilze. Für Laien ist es sehr schwierig zu erkennen, um welche Krankheit es sich handelt und was man dagegen tun kann. Das Ärgerliche ist, dass sich viele Krankheiten in ihren Symptomen ähneln. Am besten nimmt man ein Blatt oder die ganze Pflanze mit zu einem Floristen oder in ein Gartencenter, damit ein Experte die Diagnose stellen kann. "

Was ist mit Löchern in den Blättern?

„Das sind meistens Verbrennungen durch zu viel Sonne auf einmal. Auch Pflanzen, die viel Licht brauchen, mögen in der Regel kein direktes Sonnenlicht. Die Pflanze muss also aus der Sonne, wenn sie Löcher bekommt. Das Blatt mit den Löchern kann man einfach entfernen, es wächst wieder nach. Es kann natürlich auch sein, dass Raupen oder Käfer am Werk sind. Das ist gut möglich, wenn die Pflanze mal während eines milden Sommerregens draußen gestanden hat. Wenn man gründlich sucht, kann man die Übeltäter meistens entdecken und einfach wieder nach draußen bringen."

Weißer Belag?

„Das kann Botrytis oder Mehltau sein und kommt auch sehr oft vor. Vor allem bei blühenden Pflanzen und Pflanzen mit dünnen Blättern. Man kann den Patienten behandeln, aber es besteht Gefahr, weil sich andere Pflanzen leicht anstecken. Ich empfehle: wegwerfen, bevor größerer Schaden entsteht. Das gilt im Übrigen auch für Pflanzen mit Läusen oder Schimmelpilzbefall."

Der deprimierende Zustand, wenn Blätter abfallen?

„Das passiert vor allem in den Wintermonaten. So teilt die Pflanze mit, dass sie eigentlich zu dunkel steht. Und dann auch noch die trockene Winterluft. Hören Sie auf Ihre Pflanze und lassen Sie sie an einen helleren Ort umziehen. Ein wenig zurückschneiden, denn sonst bleibt sie so kahl. Im Frühjahr fängt die kränkelnde Pflanze dann wieder an auszutreiben."

DAS ABC DER SCHÄDLINGE

Insekten, manchmal kleiner als ein Zuckerkorn, fressen Ihre Pflanze langsam auf. Die meisten fressen Eiweiße, die sie aus dem Pflanzensaft gewinnen. Den Zucker sondern sie als Honigtau wieder ab und darauf gedeiht ein schwarzer Schimmel, der Rußtau, ausgezeichnet.

Wenn Sie den Kampf mit den Schädlingen auf Ihrer Pflanze aufnehmen, versuchen Sie es erst einmal mit der einfachen Bade-Methode. Spülen Sie die Tierchen unter der Dusche oder im Regen von der Pflanze und entfernen Sie vorsichtig die befallenen Blätter. Manchmal reicht das schon aus, um die Insekten zu vertreiben.

BLATTLÄUSE

Kleine, gedrungene Tierchen, meist grün, sitzen am liebsten auf Stielen und Blattunterseiten. Sie verursachen Verformungen der Blätter, ein Aufrollen junger Blätter, gelbe Flecken, Blattfall und den Befall mit Rußtau.

Gegenmaßnahme: Rücken Sie ihnen mit einem Insektizid auf biologischer Basis auf den Leib.

THRIPSE

Sitzen mit ihren länglichen, gestreiften Körpern in Gruppen auf der Oberseite der Blätter und Blüten. Bewegen sich rasend schnell. Die Pflanze bekommt Flecken und Streifen, junge Triebe sind missgebildet.

Gegenmaßnahme: Einen Monat lang wöchentlich mit einem biologischen Insektizid besprühen.

WOLLLÄUSE

Tarnen sich unter klebrig wolligen Fasern. Sie sitzen auf den Stängeln, in Blattachseln und auf den Nerven der Blattunterseiten.

Gegenmaßnahme: Mit einem biologischen Insektizid bekämpfen.

WURZELLÄUSE

Sitzen auf den Wurzeln, wo sich eine wachsartige, weiße Schicht bildet. Symptome: verlangsamtes Wachstum, manchmal leicht vergilbte Blätter.

Gegenmaßnahme: Schade! Ihre Pflanze kann nichts mehr retten. Also wegwerfen und neu kaufen.

OMAS HAUSMITTEL

Ein gutes Haus-, Garten- und Küchenmittel, mit dem man Insekten zu Leibe rücken kann, ist Seifenlauge.

- Verwenden Sie flüssige Seife mit möglichst wenig schädlichen Zusätzen wie Bleiche. Handseife ist in der Regel mild.
- Mischen Sie in einer Blumenspritze einen halben Teelöffel Seife auf 1 Liter lauwarmes Wasser.
- Besprühen Sie sorgfältig die befallenen Teile der Pflanze.
- Lassen Sie die Pflanze abtrocknen.

Wiederholen Sie das Sprühen. mit Seifenlauge einen Monat lange jede Woche bis auch die letzte Generation ausgerottet ist.

SPINNMILBEN

Milben, die kleiner sind als einen Millimeter, sind Verursacher eines typischen Krankheitssymptoms: punktförmige Flecken an der Oberseite der Blätter. Wenn es ganz schlimm kommt, hängen weiße Spinnfäden an der Pflanze. Die Milben mögen trockene Luft.

Gegenmaßnahme: Die befallenen Teile der Pflanze abschneiden, einen Monat lang einmal in der Woche mit einem biologischen Insektizid besprühen und die Luftfeuchtigkeit erhöhen.

SCHILDLÄUSE

Sie sind verwandt mit den Wollläusen, haben jedoch ein Schild anstelle der Wollfäden auf ihrem Rücken. Ausgewachsene Läuse sitzen fest an der Pflanze und bewegen sich nicht mehr fort. In der Gruppe bilden sie eine wachsartige Kruste auf den Stielen, dem Stamm oder der Unterseite der Blätter.

Gegenmaßnahme: Bürsten Sie mit einer Zahnbürste und Seifenlauge die Läuse von der Pflanze.

IGITT, SCHIMMEL!

Die Gefahr, dass Ihre Zimmerpflanze von Schimmelpilzen befallen wird, ist gering, da diese nur bei hoher Luftfeuchtigkeit gedeihen. Bildet sich dennoch Schimmel, entfernen Sie das befallene Teil und verbessern Sie die Lebensbedingungen Ihrer Pflanze.

MEHLTAU

Ein weißer, puderiger Belag, der sich rasend schnell auf den Blattoberseiten ausbreitet. Gedeiht besonders bei stehender Luft. Greift die Blätter an bis sie braun werden und absterben. Sein Verwandter, der falsche Mehltau, ist eher flusig und auf den Blattunterseiten zu finden.

Gegenmaßnahme: Entfernen Sie die befallenen Blätter und sorgen Sie für mehr Luftzirkulation.

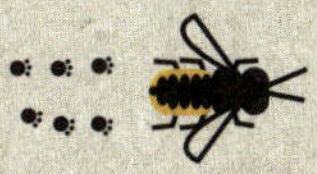

RUSSTAU

Da der Rußtau nicht die Pflanze selbst befällt, sondern vom klebrigen Honigtau lebt, den einige Insekten ausscheiden, stört er die Pflanze nur wenig. Der schwarze Belag blockiert jedoch die Lichtaufnahme der Chloroplasten.

Gegenmaßnahme: Den Schimmel abbürsten und Maßnahmen gegen die Insekten ergreifen, die den Honigtau produzieren.

BOTRYTIS

Dieser Pilz wird auch ganz einfach Grauschimmel genannt. Der graue, flauschige Schleier überzieht Blätter, Stängel und Blüten. Zuletzt werden die befallenen Teile schwarz und sterben ab.

Gegenmaßnahme: Befallene Teile gründlich entfernen und die restlichen Blätter trocken halten. Für mehr Ventilation sorgen.

FÄULE

Wurzeln, Spitzen oder Stängel können an Fäule erkranken. Die Pflanze wird erst braun, dann immer matschiger und stirbt schließlich an Fäulnis. Die Fäule selbst ist nicht der Erreger, sondern ein Symptom für einen Pilz oder Virenbefall.

Gegenmaßnahme: Amputieren Sie die betroffenen Teile, pflegen Sie Ihre Pflanze besser und hoffen Sie auf Genesung.

SCHÖNE ERINNERUNG

Damals haben Sie Ihrer Urlaubsliebe eine Locke abgeschnitten, Ihre Pflanze können Sie gepresst und getrocknet aufbewahren. Mit einem Herbarium haben Sie eine Übersicht über alle Pflanzen, die Ihnen gute Gefährten waren.

TROCKNEN

Pflücken Sie ein Blatt oder einen Stängel mit Blüten und Blättern ab. Drapieren Sie das Teil auf Papier, das Feuchte aufnehmen kann, zum Beispiel Löschpapier, einen Kaffeefilter oder weißes Toilettenpapier. Legen Sie eine Papierlage um die Blätter und das Ganze zwischen einen Stapel schwerer Bücher. Lassen Sie es mindestens zwei Wochen liegen, bis das Grün ganz trocken und platt ist.

AUFBEWAHREN

Kleben Sie das getrocknete Pflanzenteil vorsichtig mit Klebeband auf ein Blatt Papier in ein Ringbuch oder ein spezielles Herbarium. Laminieren funktioniert auch.

BESCHRIFTEN

Notieren Sie zu Ihrer getrockneten Erinnerung:

- den Namen der Pflanze (deutscher und botanischer Name)
- den Ort, wo das Pflanzenteil gepflückt wurde (Fensterbank oder Zimmer)
- das Datum des Pflückens
- eine kleine Anekdote oder Beschreibung der Pflanze (wurde einmal von Stefans Hund von der Fensterbank gewedelt, überlebte trotz gebrochener Zweige)

ORDNEN

Wenn Sie die Pflanzen auf einzelne Blätter kleben, können Sie immer weiter sammeln und ordnen, egal wie umfangreich das Herbarium wird. Ordnen nach Pflanzenfamilie, chronologisch, Ort des Pflückens oder nach Charakter.

EIN WENIG RÜCKHALT

Eine gesunde Pflanze braucht man nicht zu stützen. Sie hat kräftige Stängel und Zweige, die ihr eigenes Gewicht tragen können. Einen schwachen Teil kann man abschneiden in der Hoffnung, dass ein kräftigerer nachwächst. Sie können Ihrer Pflanze aber auch eine Stütze gönnen.

Nutzen Sie einen gesunden Zweig als Stütze für einen schwachen Zweig.

Verwenden Sie NIEMALS Material, das sich in die Pflanze schneiden kann, wie zum Beispiel Angelschnur. Besser ist weiches Material, wie eine Kordel aus Flachs oder ein Streifen einer dekorativen Blumengardine.

Stecken Sie einen Stab mitten in die Pflanze und binden Sie die schwachen Stängel lose daran fest.

Verwenden Sie getarnte Stützen wie holzige Stöckchen oder blattgrüne Spaliere. Wenn Ihre Pflanze sich traut ihre Schwäche zu zeigen, versuchen Sie es einmal mit einer Angel oder einem Zeigestock in leuchtenden Farben.

Binden Sie schwere Stiele an eine Wand oder ein feststehendes Möbel, das in der Nähe steht.

Geben Sie jedem schwachen Zweig eine eigene Stütze.

Binden Sie die Stiele Ihrer Pflanze wie bei einer Marionette mit Fäden an der Decke fest.

BORWICK'S
ZOUT
2012

PFLANZEN-APOTHEKE

Einige Pflanzen schmecken nicht nur eklig, sie sind auch giftig. Der Saft der Aloe ist eine positive Ausnahme. Er ist sogar besonders gesund! Auf die Haut aufgetragen, verschwinden Ausschlag und kleine Wunden wie Schnee im Frühling.

DIE KRAFT DER ALOE

Liest man einmal das Kleingedruckte auf allen Cremetöpfen in der Drogerie stellt man fest: Beinahe überall ist Aloe vera enthalten. Der Saft dieser Fettpflanze ist eine Wundermittel, das man in seiner reinen Form auf die eigene sonnige Fensterbank stellen kann. Damit ist die Aloe die unkomplizierteste Zimmerpflanze mit heilender Wirkung, die man im Haus haben kann.

Der Saft wirkt nur, wenn er frisch ist. Brechen Sie also nur dann ein Blatt ab, wenn Sie es wirklich brauchen.

ANWENDUNG DER ALOE

ALOE HILFT BEI:

- oberflächlichen Brandwunden
- Sonnenbrand
- Hautirritationen (Pusteln, Ausschlag)
- Mückenstichen und Bissen anderer Insekten
- Schwangerschaftsstreifen

Wenn Sie nur eine kleine Stelle behandeln wollen, brechen Sie ein Stückchen des Stieles ab. Reiben Sie dann den Saft, der aus der Bruchstelle austritt, über die Haut.

Benötigen Sie eine größere Menge, brechen Sie ein ganzes Blatt ab und lassen Sie den Saft unten aus dem Blatt tropfen. Schneiden Sie dann das Blatt der Länge nach auf, damit nichts verloren geht.

Bei einer kleinen Brandwunde kann man das saftige Blatt auch auf die Wunde legen und festbinden, sodass der Saft gut einziehen kann. Brechen Sie dazu ein großes Stück des Blattes ab. Schneiden Sie es der Länge nach auf und legen Sie das Blatt mit der Schnittseite auf die Wunde. Binden Sie das Blatt mit einem Verband fest und lassen Sie es so lange wie möglich darauf liegen.

Unterdessen im Krankenhaus

Was Ihre Pflanze für Sie tut:

SIE HILFT GESUND ZU WERDEN

Aus der Narkose erwachen und nur auf Beton schauen: Garantiert werden Sie langsamer gesund als Patienten, die eine grüne Aussicht haben. Mehrere Untersuchungen haben gezeigt, dass Patienten sich bei einem Blick in die Natur besser fühlen, lebhafter sind, schneller genesen und hinterher weniger Beschwerden und Rückfälle haben.

NATURPOSTER

In Schweden wurde bei Patienten der Intensivstation eine Untersuchung durchgeführt. Die Patienten, die nach einer Operation auf ein Naturposter blicken konnten, waren weniger ängstlich als die, die ohne besondere Aussicht zurechtkommen mussten. Die Gruppe, die auf ein abstraktes Kunstwerk schauen musste, fühlte sich bedeutend schlechter.

GUT GELAUNT

Eine andere Untersuchung verglich Patienten, die eine Gallenblasenoperation hinter sich hatten. Die eine Gruppe schaute ins Grüne und auf Bäume, die andere lag in Zimmern mit Blick auf eine fensterlose graue Mauer. Die erste Gruppe wurde eher aus dem Krankenhaus entlassen und hatte weniger Komplikationen durch die Operation. Außerdem schrieb die Krankenpflege bei der grünen Gruppe allerlei positive Bemerkungen ins Dossier, wie „Patient ist gut gelaunt". In den Dossiers der Gruppe, die auf die Mauer blickten, standen Bemerkungen wie „braucht viel Aufmunterung" und „Patient verliert die Fassung".

VERTREIBT STRESS

Die Forscher führten diese Phänomene auf die stressmindernde Wirkung von Pflanzen auf Menschen zurück. Und mit weniger Stress wird man schneller gesund. Pflanzen machen uns gelassen, beruhigen uns, geben Vertrauen. Sehr nützlich, wenn der Körper um Genesung kämpft.

Und was Ihre Pflanze im Krankenhaus für Sie tut, kann Sie zu Hause natürlich auch.

SPITZENPARTNER
ZUM VERLIEBEN

Ob Sie sich nun für eine Diva, einen Fels in der Brandung oder einen einsamen Streiter entscheiden (siehe Quiz in Kapitel 1), jede Pflanze hat ihre Stärken und Schwächen. Die eine ist etwas lebhafter, die andere eher introvertiert; eine ist völlig unkompliziert, die andere deutlich fordernder. Doch für welche Sie sich auch entscheiden, eines haben all diese Schönheiten gemeinsam: Sie machen das Leben gleich ein bisschen besser.

DER EINSAME STREITER/FETTPFLANZEN

Die meisten Pflanzen dieser Kategorie sind ursprünglich Wüstenbewohner. Also: wenig Wasser, viel Licht.

Lassen Sie die Erde zwischen dem Gießen komplett trocknen. Lieber zu trocken als zu nass halten.

In den verdickten Blättern oder Kakteensäulen lagern diese Pflanzen Wasser für schlechte Zeiten.

Im Winter eine kühle (zwischen 10 bis 15 Grad), trockene Periode von mindestens einem Monat einhalten, und die Chance die Pflanze zum Blühen zu bringen erhöht sich.

Standort: verträgt auch viel direktes Sonnenlicht
Gießen: im Sommer jede Woche (Topferde zwischendurch ruhig ganz austrocknen lassen), im Winter alle drei bis vier Wochen einmal
Düngen: zweimal während des Sommers

ALOE

Viel Pflege braucht diese imposante Pflanze wirklich nicht. Im Sommer einmal wöchentlich gießen reicht völlig. Im Winter tut ihr eine kühle Periode gut. Versuchen Sie sie einen Monat lang in einem Raum bei 5 bis 10 Grad Celsius zu überwintern.

Standort: möglichst ein heller Standort, aber die Pflanze verträgt auch grelle Sonne oder völligen Schatten
Gießen: Frühjahr bis Herbst alle zwei bis drei Wochen, im Winter seltener
Düngen: zweimal während des Sommers

BOGENHANF (SANSEVIERIA)

Dieser Wüstenbewohner überlebt auch die miserabelste Pflege; ganz gleich ob trockene Luft, Schatten oder grelle Sonne. Außerdem braucht die Pflanze nur wenig Wasser. Alle zwei Wochen gießen von Frühjahr bis Herbst, im Winter noch seltener.

Standort: heller Standort, verträgt auch direktes Sonnenlicht
Gießen: von Frühjahr bis Herbst alle drei Wochen, im Winter seltener
Düngen: zweimal während des Sommers

DICKBLATT (CRASSULA)

Diese südafrikanische Gattung beschreibt ihr Aussehen schon im Namen. Crassus ist lateinisch und steht für „dick, fleischig". Die dicken, fleischigen Blätter der verschiedenen Arten bilden allerlei Formen. Bei zu viel Wasser können die Wurzeln faulen. Im Winter braucht die Pflanze eine kühle (10°C), trockene Ruheperiode von einem Monat.

ECHEVERIA

Die dicken, wächsernen Blätter dieser Fettpflanze bilden eine Rosette. Manchmal blühen daraus nicht besonders dekorative Blüten. Echeverien gibt es in allerlei Arten von groß bis klein. Die größten können gut 30 Zentimeter Durchmesser erreichen. Im Winter sollten die Pflanzen eine Ruheperiode von zwei Monaten haben - mit wenig Wasser in einem kühlen Raum bei 10 bis 15 Grad Celsius.

Standort: verträgt grelle Sonnen
Gießen: von Frühjahr bis Herbst alle zwei Wochen, im Winter alle drei bis vier Wochen
Düngen: einmal im Monat im Frühling und im Sommer

FLAMMENDES KÄTCHEN (KALANCHOE)

Diese beliebte Fettpflanzengattung verträgt trockene Luft sehr gut. Wenn die Blätter hängen, haben Sie wahrscheinlich zu viel gegossen. Die Kalanchoe ist eine Kurztagspflanze, das bedeutet, dass sie von Natur aus zu blühen beginnt, wenn die Tage kürzer werden.

Standort: hell, keine direkte Sonne
Gießen: Sommer einmal in der Woche, im Winter alle zwei Wochen mit wenig Wasser
Düngen: in der Wachstumsphase einmal im Monat

WEIHNACHTSKAKTUS (SCHLUMBERGERA)

Diese Fettpflanze mit Blättern, die wie Fingerglieder miteinander verbundenen sind, blüht von Natur aus im Winter. Um die Pflanze zum Blühen zu bringen, muss sie im August/September einen Monat bei weniger Licht und völlig trocken stehen.

Standort: recht sonnig, aber ohne grelle Mittagssonne
Gießen: während der Blüte wöchentlich, während des restlichen Jahres seltener
Düngen: während der Blütezeit einmal im Monat

DIE DIVA/BLÜHENDE PFLANZEN

Zarte Prinzessinnen, die viel Pflege brauchen.

Hin und wieder düngen nicht vergessen

Für schöne Blüten brauchen die Pflanzen viel Licht.

Einige Diven sind nur schwer selbst zur Blüte zu bringen. Gärtner setzten dafür Methoden für Fortgeschrittene ein. Fühlen Sie sich also nicht schuldig, wenn Sie sich nach der Blüte von Ihrer Diva trennen.

ANTHURIE (ANTHURIUM)

Diese tropische Pflanzenfamilie hat gut sechshundert Mitglieder, dazu gehört die berühmte Flamingoblume (Anthurium andreanum) mit ihren grellroten Hochblättern, die wie lackiert aussehen. Anthurien lieben warme, feuchte Luft und viel Licht.

Standort: hell, aber keine grelle Sommersonne
Gießen: feuchte Umgebung, Wurzelballen feucht halten, im Winter weniger gießen
Düngen: im Sommer einmal im Monat

ALPENVEILCHEN (CYCLAMEN)

Das Alpenveilchen blüht zwischen September und April, danach sterben die Blätter ab und es bleibt die Knolle zurück. Wenn Sie die Pflanze nicht wegwerfen wollen, stellen Sie sie an einen kühlen Standort, dort weniger gießen, aber nicht austrocknen lassen. Nach ein paar Monaten treiben neue Blätter.

Standort: kühler Platz ohne direktes Sonnenlicht
Gießen: Erde feucht halten, nicht auf die Knolle, sondern auf einen Untersetzer gießen. Was die Pflanze in einer Stunde nicht aufsaugt, abgießen.
Düngen: während des Wachstums einmal im Monat

AZALEE (RHODODENDRON)

Zimmerazaleen mögen keinen Frost und sollten nicht draußen überwintern. Kalk und Wasser vertragen sie nicht, deshalb auf Regenwasser umsteigen. Reicht gießen nicht aus, den Topfballen einmal in der Woche tauchen.

Standort: hell, keine direkte Mittagsonne
Gießen: einmal in der Woche gründlich gießen, überschüssiges Wasser entfernen
Düngen: einmal im Monat, nicht während der Blüte

BEGONIA

Es gibt rund 1500 Begonienarten. Blühende Begonien werden oft weggeworfen, wenn sie verblüht sind, doch eigentlich sind es mehrjährige Pflanzen. Sie reagieren empfindlich auf zu viel Wasser. Zwischen dem Gießen sollte die Erde leicht austrocknen.

Standort: volle bis halbvolle Sonne
Gießen: während des Wachstums wöchentlich, in der Ruhephase seltener
Düngen: etwa alle zwei Wochen

CHRYSANTHEME

Eine Chrysantheme kann etwa acht Wochen lang prächtig blühen, dann werfen die meisten Menschen sie weg. Die Blüten bleiben länger schön, wenn die Pflanze an einem kühlen Standort steht.

Standort: kühler Ort, keine direkte Sonne
Gießen: zweimal pro Woche, die Erde feucht halten
Düngen: nicht notwendig, wenn man die Pflanze nach der Blüte wegwirft

DENDROBIUM-ORCHIDEE

Der Name stammt aus dem Griechischen und bedeutet „auf Bäumen lebend“. Die Pflanze steht nicht besonders auf nasse Erde, also sorgen Sie immer dafür, dass überschüssiges Wasser gut ablaufen kann. Schneiden Sie nach der Blüte die Blütenstiele direkt über dem obersten Blatt des Triebes ab.

Standort: so hell wie möglich, doch im Sommer nicht in der grellen Mittagssonne
Gießen: einmal in der Woche, die Wurzeln zwischendurch abtrocknen lassen
Düngen: während der Blütezeit einmal im Monat

GERBERA

Nur eine Gerbera-Art entwickelt sich im Topf gut, die Gerbera jamesonii. Die Pflanze ist mehrjährig, doch da es sehr schwer ist sie nochmal zum Blühen zu bringen, wird sie meist weggeworfen, wenn die Blüten verwelkt sind.

Standort: viel Licht, aber grelle Mittagssonne vermeiden
Gießen: Erde während des Wachstums feucht halten
Düngen: in der Wachstumsphase alle zwei Wochen

HIBISKUS (HIBISCUS ROSA-SINENSIS)

Die prächtigen, großen Blüten des Hibiskus entfalten ihre Pracht für etwa vierzig Stunden, bevor sie verblühen. Glücklicherweise sitzt die Hibiskuspflanze voller Knospen, die allerdings abfallen, wenn die Luft zu trocken ist. Ab und zu besprühen oder die Pflanze in eine Schale mit Kieseln und Wasser stellen.

Standort: hell, keine direkte Mittagssonne
Gießen: von Frühjahr bis Herbst Erde feucht halten, im Winter weniger gießen
Düngen: im Sommer einmal im Monat

HORTENSIE (HYDRANGEA)

Die Hortensie entwickelt prachtvolle kugelige Blütenstände aus Dutzenden von Einzelblüten. Sie mag es hell und feucht.

Standort: hell, aber grelle Sommersonne vermeiden
Gießen: von Frühling bis Herbst die Erde feucht halten, im Winter weniger gießen
Düngen: in der Wachstumsphase alle zwei Wochen

Standort: sonnig
Gießen: von Frühling bis Herbst die Erde feucht halten, im Winter weniger gießen
Temperatur: 10–25 Grad Celsius
Düngen: im Sommer einmal im Monat

ROSE (ROSA)

Für Gärten gibt es unzählige Rosen, für drinnen haben Gärtner kleinwüchsige Pflanzen entwickelt, die Zimmerluft vertragen. Bei den Mini-Rosen reicht es, im Frühjahr trockene, hässliche Stiele zu entfernen.

Standort: heller Platz keine direkte Sonne
Gießen: im Sommer einmal in der Woche tauchen und gut abtropfen lassen. Im Winter einmal in der Woche gießen. Die Wurzeln sollten zwischendurch abtrocknen können.
Düngen: während des Wachstums einmal im Monat

SCHMETTERLINGSORCHIDEE (PHALAENOPSIS)

Schmetterlingsorchideen gedeihen bei hoher Luftfeuchtigkeit am besten. Die normale Blütezeit reicht von Winter bis Frühjahr und kann gut drei Monate andauern. Nach der Blüte die Stiele einfach stehen lassen, meistens schlägt dort die Pflanze an einigen Stellen noch einmal aus.

Standort: viel Licht, keine direkte Sommersonne
Gießen: feucht halten von Frühling bis Herbst, im Winter weniger gießen
Düngen: im Sommer einmal im Monat

STEPHANOTIS

Diese elastische Kletterpflanze braucht viel Zuwendung. Viel Licht, aber keine grelle Sonne. Reichlich gießen, im Winter aber nicht zu viel. Genug Wärme während der Blüte, aber im Winter kühl stellen. Wenn Sie größere Pläne mit ihr haben, hilft ein Rankgitter.

DER FELS IN DER BRANDUNG/ BLATTPFLANZEN

Die meisten stammen aus tropischen Gegenden.

Sie gedeihen auch bei wenig Licht, gar kein Licht ist aber auch für sie zu wenig.

Sie vertragen trockene Luft, bevorzugen aber hohe Luftfeuchtigkeit und feuchte Erde.

Reinigen Sie ab und zu die Blätter.

Standort: heller Platz ohne direkte Sonne
Gießen: zweimal in der Woche, im Winter einmal in der Woche
Düngen: einmal im Monat

ARECA-PALME (CHRYSALIDOCARPUS LUTESCENS)

Diese Palme mit ihren stark gefiederten Wedeln puscht die Luftfeuchtigkeit nach oben und entzieht der Luft auch noch Schadstoffe. Als Gegenleistung für diese Dienste verlangt sie einen warmen, hellen Standort.

Standort: Halbschatten
Gießen: von Frühjahr bis Herbst die Erde feucht halten, im Winter weniger Wasser geben
Düngen: im Frühjahr und im Sommer alle drei Wochen

BERGPALME (CHAMAEDOREA)

Diese tropische Palme ist auch mit weniger Licht zufrieden. Außerdem wächst sie langsam. Praktisch, wenn man nicht so viel Platz hat. Eine kühle Periode im Winter tut der Palme gut. Etwa ein Monat bei einer Temperatur zwischen 10 und 15 Grad ist optimal.

Standort: Halbschatten
Gießen: von Frühjahr bis Herbst einmal in der Woche, im Winter seltener
Düngen: von Frühjahr bis Herbst einmal im Monat

CALATHEA

Diese Pflanzengattung mit ihren wunderschönen Blättern reagiert empfindlich auf niedrige Temperaturen und trockene Luft. Wird es kälter als 18 Grad, tut sie sich schwer. Als Urwaldbewohner kommt sie allerdings mit wenig Licht klar.

CROTON (CODIAEUM VARIEGATUM)

Die dicken, ledrigen Blätter des Croton gibt es in verschiedenen Formen und einer Vielzahl von Farbschattierungen. Die Pflanze braucht eine hohe Luftfeuchtigkeit und viel Licht. Wenn man die Blätter ab und zu mit einem Tuch säubert, verstopfen die Spaltöffnungen nicht.

Standort: heller Standort, keine direkte Mittagssonne
Gießen: Von Frühjahr bis Herbst die Erde feucht halten, im Winter weniger gießen
Düngen: Während des Wachstums einmal im Monat

DIEFFENBACHIA

Wenn die attraktiven Blätter nicht genug Licht bekommen, verschwinden die schönen Blattmuster und die Pflanze entwickelt nur noch grüne Blätter. Vergessen Sie nicht die Blätter hin und wieder abzustauben, damit Luft und Licht die Spaltöffnungen erreichen können.

Standort: Halbschatten, volle Mittagssonne vermeiden
Gießen: von Frühjahr bis Herbst die Erde feucht halten, im Winter weniger gießen
Düngen: von Frühjahr bis Herbst alle zwei Wochen

DRACHENBAUM (DRACAENA)

Einige Dracaena-Arten können gut und gerne einige Meter hoch wachsen, doch sie wachsen recht langsam. Diese baumartigen Pflanzen sind kräftig und sehr robust. Alte Blätter kann man problemlos entfernen.

Standort: Halbschatten
Gießen: von Frühjahr bis Herbst die Erde gut feucht halten, im Winter weniger gießen
Düngen: einmal im Monat, während der Wachstumsperiode

Standort: volle bis halbvolle Sonne
Gießen: die Erde feucht halten, im Winter weniger gießen
Düngen: im Sommer einmal in der Woche

FICUS

Bäume, Sträucher, Kletterpflanzen: Es scheint endlos viele Ficus-Arten zu geben. Die populärsten sind sicher die Birkenfeige (Ficus benjamina) und der Gummibaum (Ficus elastica). Wenn diese Pflanzen ausreichend Licht bekommen, können sie ohne Probleme Jahrzehnte alt werden.

Standort: Schatten, Halbschatten
Gießen: Erde feucht halten, den Wurzeln jedoch Zeit geben zwischendurch abzutrocknen
Düngen: während der Wachstumsphase

EFEU (HEDERA)

Efeu braucht nicht viel Licht, doch bei zu wenig Licht verlieren die bunten Sorten ihre Blattzeichnung. Soll die Pflanze buschig wachsen, müssen Sie neue Triebe ab und zu entspitzen.

Standort: halbsonnig
Gießen: im Sommer die Erde feucht halten, im Winter weniger gießen
Düngen: in der Wachstumsphase einmal im Monat

EINBLATT (SPATHIPHYLLUM)

Das tropische Einblatt filtert Schadstoffe aus der Luft und sorgt durch Verdunstung für eine angenehme Luftfeuchtigkeit. Wenn sie Durst hat, lässt die Pflanze die Blätter hängen, dann hilft ein Tauchbad und alles wird wieder gut.

GRÜNLILIE (CHLOROPHYTUM)

Diese Südafrikanerin wächst bei guter Pflege schnell aus ihrem Topf heraus. Sie ist auch einfach zu vermehren. Sie bildet kleine Ablegerpflanzen an den Enden ihrer Blütenstiele. Setzt man so eine kleine Pflanze in einen eigenen Topf hat man ruck, zuck zwei Grünlilien.

Standort: Halbschatten
Gießen: die Erde feucht halten, im Winter weniger gießen
Düngen: im Sommer einmal im Monat

SCINDAPSUS

Diese schnellwüchsige Kletterpflanze mit ihren großen gezeichneten Blättern braucht nicht viel Pflege. Man kann die Ranken an einem Stab oder Gitter nach oben führen oder aus einem Ampeltopf nach unten hängen lassen. Wenn sie zu wenig Licht bekommt, wird die hübsche Blattzeichnung allerdings verschwinden.

Standort: Halbschatten
Gießen: wöchentlich, Erde zwischendurch abtrocknen lassen
Düngen: im Frühjahr und im Sommer einmal im Monat

SCHWERTFARN (NEPHROLEPIS)

Diese tropische Pflanze kommt mit wenig Licht aus, ist jedoch in Bezug auf die richtige Menge Wasser recht heikel. Sie mag es feucht, aber keine Staunässe an den Wurzeln. Kalk und hartes Leitungswasser kommen nicht gut an, daher auf Regenwasser umsteigen.

Standort: Halbschatten
Gießen: von Frühjahr bis Herbst die Erde feucht halten, im Winter weniger gießen
Düngen: im Sommer alle zwei Wochen

Und sie lebten noch lange glücklich und zufrieden…

Impressum

Aus dem Holländischen übersetzt von Andrea Kirchhoff

Titel der Originalausgabe: Meine Pflanze und ich
erschienen bei Snor Verlag, Utrecht

Konzept: Snor Verlag, Maartje Kuiper und Hendrikus
Text: Liedewij Loorbach
Layout und Illustrationen: Maartje Kuiper
Fotografie: Mieke Willems
Fotografie Stills: Wout Hendrickx
Umschlaggestaltung von Gramisci Editorialdesign, München, nach einer Vorlage und unter Verwendung von Farbzeichnungen von Maartje Kuiper.
Mit 64 Farbfotos und 147 Farbzeichnungen.

Alle Angaben in diesem Buch sind sorgfältig geprüft und geben den neuesten Wissensstand bei der Veröffentlichung wieder. Da sich das Wissen aber laufend in rascher Folge weiterentwickelt und vergrößert, muss jeder Anwender prüfen, ob die Angaben nicht durch neuere Erkenntnisse überholt sind. Dazu muss er zum Beispiel Beipackzettel zu Dünge-, Pflanzenschutz- bzw. Pflanzenpflegemitteln lesen und genau befolgen sowie Gebrauchsanweisungen und Gesetze beachten.
Die Blütenfarben sind sortenabhängig, daher können auch Farben auf dem Markt sein, die im Buch nicht genannt werden. Die Blütezeiten sind ebenfalls sortenabhängig, aber auch klima- und standortabhängig. Die angegebenen Wuchshöhen und -breiten der Pflanzen sind Mittelwerte. Sie können je nach Nährstoffgehalt des Bodens variieren. Verschiedene Sorten können deutlich größer oder auch kleiner wachsen als die Art.

Unser gesamtes lieferbares Programm und viele weitere Informatione zu unseren Büchern, Spielen, Experimentierkästen, DVDs, Autoren un Aktivitäten finden Sie unter kosmos.de

Für die deutschsprachige Ausgabe:

FSC www.fsc.org MIX Papier aus verantwortungsvollen Quellen FSC® C017135

Gedruckt auf chlorfrei gebleichtem Papier.

ISBN: 978-3-440-14472-5
Redaktion: Carolin Küßner
Produktion: Ralf Paucke

www.pflanzenfreude.de